U0304308

不完美的父母

"自我启发之父"阿德勒的育儿课

[日]

岸见一郎 著

宫静 译

子育
てのためのアドラー
心理学入門

机械工业出版社

CHINA MACHINE PRESS

本书首先论述了孩子们为什么会做出在父母看来有问题的行为，其次探讨了传统的育儿、教育理念到底是否可以有效帮助到孩子。最后分析了父母应该如何与孩子打交道，好的亲子关系到底是什么样子的。在本书中，作者倡导鼓励式育儿，批判父母训斥或者夸奖孩子的行为，认为培养孩子独立面对自己的人生课题的能力是最重要的。同时，作者认为，在实际的亲子关系中父母应该将注意力放在孩子的优点上，刻意培养平等的亲子关系。父母应该明白孩子是具有独立人格的人，有自己的判断和选择，并不会按照父母的意愿成长。如果父母把自己的意愿强加给孩子，可能会妨碍孩子的成长。当亲子关系出现问题时，请不要训斥、批评、夸奖、怂恿孩子，而是多交流，多沟通。通过不断的试错，和孩子沟通和交流，突然有一天你会发现，你实现了对于孩子的鼓励，孩子则从中获得了莫大的勇气！

Original Japanese title：KOSODATE NO TAMENO ADLER SHINRIGAKUNYUMON

Copyright © 2014 Ichiro Kishimi

Original Japanese edition published by Arte Publishing Inc.

Simplified Chinese translation rights arranged with Arte Publishing Inc. through The English Agency (Japan) Ltd. and Shanghai To-Asia Culture Communication Co., Ltd.

本书由 Ichiro Kishimi 授权机械工业出版社在中华人民共和国境内（不包括香港、澳门特别行政区及台湾地区）出版与发行。未经许可的出口，视为违反著作权法，将受法律制裁。

北京市版权局著作权合同登记　图字：01－2021－5634 号。

图书在版编目（CIP）数据

不完美的父母："自我启发之父"阿德勒的育儿课／（日）岸见一郎著；宫静译. —北京：机械工业出版社，2021.11（2022.1 重印）
ISBN 978－7－111－69482－3

Ⅰ.①不…　Ⅱ.①岸…②宫…　Ⅲ.①家庭教育
Ⅳ.①G78

中国版本图书馆 CIP 数据核字（2021）第 218107 号

机械工业出版社（北京市百万庄大街 22 号　邮政编码 100037）
策划编辑：坚喜斌　　责任编辑：坚喜斌 李佳贝
责任校对：梁　倩　　责任印制：李　昂
北京联兴盛业印刷股份有限公司印刷

2022 年 1 月第 1 版·第 2 次印刷
170mm×242mm · 13 印张 · 1 插页 · 111 千字
标准书号：ISBN 978－7－111－69482－3
定价：55.00 元

电话服务　　　　　　　　　　网络服务
客服电话：010－88361066　　机　工　官　网：www.cmpbook.com
　　　　　010－88379833　　机　工　官　博：weibo.com/cmp1952
　　　　　010－68326294　　金　书　网：www.golden-book.com
封底无防伪标均为盗版　　机工教育服务网：www.cmpedu.com

推荐序一

哲学家是怎么养孩子的

哲学家是怎么养孩子的？

这个问题也许会让很多人感到好奇。

在我们惯常的印象中，哲学家们似乎总是沉迷于玄之又玄的终极问题，一副高谈阔论，不食人间烟火的样子。或者，我们会以为，以哲学家思考复杂问题的能力，养孩子对他们来说就是一件轻而易举的事情。

总之，我们很难想象他们养育孩子的情形。

但事实上，在养育孩子这件事情上，从来没有例外，即便是哲学家，也有着和普通父母一样的困惑和苦恼，跳不出从一无所知到自以为是，再到幡然醒悟这个育儿三部曲。

日本哲学家岸见一郎因为机缘巧合，从孩子出生开始，连续当了7年半的奶爸。当时他正在大学里教哲学和希腊语，时间比较自由，而他的妻子需要外出上班，于是，带孩子、养孩子、早晚接送孩子的任务就落到了岸见一郎的身上。后来他写了这本书，记录了他在养育两个孩子（一儿一女）过程中的琐事。我们由此得以窥见哲学家是怎样养育孩子的。

当然，对我们来说，更重要的不是看岸见一郎的育儿回忆录，而是看一个哲学家在面对自己一无所知的育儿领域，是如何看待问题、分析问题并解决问题的。

岸见一郎拿出了哲学家的功底，认真学习了阿德勒心理学，在和孩子的朝夕相处中，得出了他的一系列育儿洞察。

育儿洞察之一：只有爱，是无法养育孩子的；但如果没有爱，育儿技巧也会变成毒药。

岸见一郎举例说，有一个刚刚开始育儿生涯的年轻妈妈，看到电视上尿不湿的广告中，人们使用蓝色液体代替婴儿的小便，来展示尿不湿的吸收过程。她发现自己宝宝的小便居然不是蓝色的，便开始怀疑是不是宝宝生病了。

这个妈妈不爱她的孩子吗？当然不是。但这种无知的爱，会在孩子的成长过程中造成多大的伤害呢？

岸见一郎的父亲是一个很强势的人。有一次，他的父亲开始信奉一种宗教，并极力推荐给他。岸见一郎并不全面否定宗教，在和父亲围绕这个宗教进行多次探讨后，他深入了解了这一宗教的教义。最后，他表示不认同这一宗教。但强势的父亲却不能接受，说："在我入教的同时，相当于你也入教了！因为无论发生什么，亲子之间的缘分都不会被切断！"岸见一郎自出生以来，第一次和父亲起了激烈的冲突："这和我没有任何关系，我也不想听这样的话。你别管我！"父亲生气地说："你如果和我背道而驰，你与好运之间的联系将会被切断！"

岸见一郎的父亲不爱自己的孩子吗？当然不是。但是这样一种仅仅凭着"我爱你，我是为你好"而不讲究任何沟通技巧，把自己的观点、喜好、选择强加给孩子，会给孩子造成多大的伤害呢？又会给亲子关系造成多大的伤害呢？

中国有俗语叫"棍棒之下出孝子"，日本亦是如此，很多父母也会在孩子不听话时训斥孩子，甚至诉诸武力。训斥的效果立竿见影，孩子们害怕被训斥，会立刻停止问题行为。从这个角度来看，训斥就是一种管用的方法。但绝大多数的训斥会让孩子感受不到父母的爱。

岸见一郎发现，训斥孩子这个方法，并不会如父母想象的一样有效果，因为很多时候孩子后面还会重复同样的问题行为。如果训斥真的有效，只要被批评一次，孩子就应该不会再次去做父母认为有问题的行为了。

假设训斥孩子后，孩子真的改正了错误，会发生什么呢？

让孩子马上听父母的话，这个结果很有诱惑性，但如果揭开真相，恐怕会让父母感到深深地后怕。

孩子屈服于大人的训斥，实际上是以牺牲自己的正常感受为代价的。如果孩子经常被迫压抑、扭曲自己的感受，就会进入"病态适应"的状态。

我曾经研发了一套"PAT儿童适应状态测评量表©"，用于评估孩子的身心发展状态（以正常适应、正常不适应、病态适应、病态不适应的不同占比来衡量）。在实践中发现，如果成年人来做这套测评量表，可以准确地溯源到他们的童年经历和原生家庭状况——那些"病态适应"占比很高的人，在职场、交友、恋爱中也存在着各种严重的问题，鲜有例外。

那什么样的孩子最容易出现"病态适应"呢？

岸见一郎说："子女全盘接受父母所说的，我觉得很不妥。也有人觉得根本没有完全顺从于父母的孩子。我见过很多孩子不会顶撞父母，即使觉得父母的想法很奇怪，也不会因此和父母争执，而是会去迎合父母的想法。即使告诉他们：讨厌的话就直接说出来就好了。但是孩子要做出改变是很难的，因为这已经成为他们日积月累的本能反应了。"

岸见一郎所说的"本能反应"就是"病态适应"的表现。

育儿洞察之二：孩子不听话、玩恶作剧、做坏事，往往是为了引起父母关注。

岸见一郎表示，有的孩子在有了弟弟或妹妹之后，本来自己已经能够独自完成的事情却突然做不了了、本来已经能很好地如厕却做不好了、晚上也无法一个人入睡了。这些行为都是他们在尝试夺回自己的王座，要引起父母关注。越是能让父母头疼的事情，对于孩子而言就越有成效。有一对夫妇，他们都是小学老师，他们的孩子在临近暑假前的一天发高烧了。这个时候因为父母要给学生们写通知书，所以特别忙碌。作为父母来讲，他们肯定希望孩子能晚几天发烧，但是对于孩子来讲，晚了就没有意义了。因为孩子就是要在父母最头疼的时候做出令父母最头疼的事，以此来把父母的关注点吸引到自己身上来。

岸见一郎的这个洞察让我想起了在"亲子滋养"线下大课上发生的一件事情。有一位学员提问说："我的儿子今年12岁，上初一了，前阵子他突然跑到超市里买了一个不锈钢的碗，说以后就用这个碗吃饭。这种不锈钢碗是他两三岁的时候用的，他现在都这么大了，为什么啊？我的儿子是不是出什么问题了？"

当时，我的第一反应就是问这个妈妈："你是不是生二胎了？"这个妈妈惊讶极了，问道："老师，你是怎么知道的？"

其实，这是非常典型的"二胎综合征"。当一个孩子突然有了弟弟或妹妹之后，如果父母未能及时安抚好他的情绪，那么各种各样的行为退行就会在他的身上发生。退行就是指在行为上表现出与年龄（发展阶段）不符的退化。其目的就是岸见一郎所说的为了引起父母的关注。

对一个生活半径主要在家庭的孩子来说，他/她的存在感主要取决于父母对他/她的关注。但是，对于父母来说往往是：

一切正常的孩子是不存在的。

这句话的意思并不是说每个孩子都不正常，而是说，当一个孩子所有的行为表现都是正常的，都符合父母的要求和标准，那么，父母就会很放心，从而将自己的注意力投注到其他地方，继而忽略了这个孩子的存在。

因为，这个"正常"的标准就是根据父母的感受来制定的。那些听话、懂事、乖巧的孩子，本质上就是牺牲了自己的感受来取悦父母，从而在心理意义上，他们的"自我"是不存在的。

但我们养育孩子的目的并不是要养育出不存在的孩子，而是希望孩子拥有独立人格，敞亮地存在。

所以，我们应该好好体悟一下岸见一郎的这一点洞察，在孩子用问题行为争取你的关注之前，就好好地关注他/她！

育儿洞察之三：不要用成年人的预判去管制孩子，让小事故成为孩子学习的机会。

岸见一郎在演讲时经常讲这样一个故事：他的儿子两岁时，有一次手里拿着杯子，一边走路一边喝着牛奶，颤颤悠悠的，让人担心他会把牛奶弄洒。他会提问：下一个瞬间会发生什么呢？

很多人都说会提醒孩子边走边喝的话牛奶会洒出来。但岸见一郎却说："我则不会提醒孩子，因为这个时候还什么都没有发生。"

随后，他的儿子弄洒了牛奶。当然，孩子并非恶意搞破坏，家长不应该批评他。这时候，岸见一郎再问听众们该怎么办？

大家的回答是"擦掉牛奶"。那么，"由谁来擦呢"？家长们回答"我来擦"。岸见一郎认为，家长去帮着擦拭孩子弄洒的牛奶，属于过度保护。孩子会从中学到，自己失败了就会有父母来给收拾乱摊子。

显然，这不是一个好的示范。

岸见一郎问儿子："你知道应该怎么做吗？"如果儿子不知道的话，他就会教给儿子怎么做。儿子回答说："我知道。"岸见一郎追问他："你想怎么做呢？"儿子回答："用抹布擦掉。"

这是让孩子学会为自己的行为负责，承担后果的很好的案例。

岸见一郎的做法和我在亲子滋养课上讲的"热眼旁观法则"不谋而合。

首先是要旁观。如果父母过早干预，提前提醒，孩子就得不到充分的历练。父母能够预判，是因为父母曾经经历过这样的过程。如果不让孩子自己经历这个过程，孩子永远也没法有完整的历练。

其次是热眼，而不是冷眼。冷眼表明漠视，不关注。如此，孩子的存在感就低，除了重大问题，他没法得到及时的帮助。而热眼既表明了关切，又不过度干涉，正好适合孩子在安全感的呵护下大胆探索。

育儿洞察之四：不要低估孩子，要将孩子视为平等的存在，充分尊重他、信任他。

有一次，一位妈妈带着三岁的女儿来到岸见一郎的心理咨询室。孩子太小了，咨询的时候不能让孩子在外面等着，岸见一郎就为母女二人都准备了椅子，让她们坐下。

妈妈在孩子的背包里放了零食、玩具以及她喜欢的玩偶。岸见一郎明白，这位妈妈担心孩子在咨询期间不会老实待着，就准备这些东西以便在孩子哭闹的时候分散她的注意力，让她放松下来。

孩子能否在这一个小时的咨询时间里安静地等待呢？大部分父母对该问题的回答都是"不能"。

可见父母并不信赖孩子。但一个三岁的孩子，真的无法在一个小时的时间内安静地等待吗？

岸见一郎认为，哪怕是再小一些的孩子，都是知道自己所处的状况的。果然，这个和母亲一起来的三岁小女孩，完全出乎母亲的意料，在咨询过程中一直很安静地等候。这位妈妈刚开始一直很放心不下孩子，但很快她就沉浸在和我的谈话中，不再在孩子身上分神了。而孩子也完全没有过来吵闹打搅。

岸见一郎认为，将孩子视为平等的存在，充分地尊重孩子，全面地信任孩子，就毫无控制孩子的必要了，亲子关系也会随之发生巨大的改变。

这本书里的育儿洞察还有不少，但读完这本书，我觉得最有必要提醒大家的是岸见一郎的这个洞察：

没有一种养育方法适用于所有的孩子！

岸见一郎说，我只写在我和我的孩子之间真实发生的事情。我绝不希望读者像背诵应用题的答案一样来学习处理方法，不是机械地去记住什么时候该做什么，而是要去理解问题产生的根源，搞清楚为什么要采取这样的处理方法。

面对不同的孩子，即使说出同样的话，产生的效果可能也不一样。因为每个孩子都是不一样的。

这也许是岸见一郎作为一个哲学家最为中肯的育儿建议了吧！

陈禹安

心理学专家、亲子滋养·家庭教育体系创始人

推荐序二

没有完美的父母，
只有不断成长的父母

《被讨厌的勇气》这本书曾经给了我极大的帮助，作为一个曾经特别在意别人评价的人来说，那本书疗愈了我，并给予我敢于做自己的勇气。当听到作者出了新书，我第一时间拜读。

整本书读完，我总结了对我非常重要的三个收获。

第一，父母自身要是幸福的。

从我的孩子出生到她青春期，我读了大量的育儿书，每当在现实生活中卡住的时候，我就试图从书中找到答案。但却唯有本书，彻底帮我放下了我的焦虑。

书中有一个小故事很好玩，但也体现了父母的焦虑。有一个刚刚开始育儿生涯的年轻人，看到尿不湿的广告中，人们使用蓝色液体代替婴儿的小便来展示尿不湿的吸收过程。她发现自己宝宝的小便居然不是蓝色的，便开始怀疑是不是宝宝生病了。听到这个故事的人，或许会震惊于这个人的想法，或许会认为这并不是一个真实的故事。不管怎样，即使现实生活中不会出现故事中年轻人这样的情况，也会有很多人在读了育儿类相关书籍后，发现自己的宝宝和育儿书籍中所写不一致时，多多少少陷入不安的情绪。就像读了医学书后，一些人就会觉得自己一定是生病了。

比起周末都在学习的孩子，我的孩子周末很多时间要不就是去户外玩，要不就是在家里的沙发上读着喜爱的书。

在本书中，作者谈到"想要帮助孩子，首先需要父母自身是幸福的"。因为我特别享受读书和写作的生活，做这些事情的时候，我满心欢喜，我发现我的女儿与我一样。我自己爱学习和成长，即使成年了，依旧保持着学习热情，这些孩子都看在眼里。

我一直认为父母首先要是孩子想要成为的样子，而不是厌恶的样子。

第二，表扬的话语也是对孩子一种评价式的语言。

在很多育儿书中都谈到不要夸张地表扬孩子，但实际上作为家长，我还是很困惑。孩子做好了怎么就不能表扬孩子了呢？但在本书中，作者既谈到了为什么不这么做，还谈到了背后的本质。所以，这是一本既能让我们知道如何做，还能让我们深层次意识到为什么要这么做的书。

首先表扬别人的时候，你处在什么样的位置？

作者说道："夸奖的话语是有能力的人面向没有能力的人所说的一种评价式的语言。"

表扬不当，会让孩子接收到"我的价值是建立在你的表扬基础上的"错误信息。另外一点，孩子们想要引起关注，就会做出一些什么来吸引父母的注意，要不为了得到你的奖励而学习，要不为了得到你的关注而不学习。孩子很在意别人的评价这件事，与孩子是被训斥或是被表扬长大的有关系。孩子在被人说好时十分喜悦，被差评时则很悲伤，甚至是愤慨。这难道不是很奇怪吗？自己的价值并不是依附、取决于他人的评价的。

我自己是国际认证的专业教练，同时也是国家二级心理咨询师，每年有上百个小时给成年人做一对一教练，我发现很多成年人就非常在意别人的评价，而这些外在的评价导致他们不幸福，即使取得了成功，他们的内心也依然感受不到幸福。这就是他们小时候习得的一种方式。

第三，信赖孩子。

在现在养育孩子的过程中，我发现最大的一个现象就是很多父母把很多本该孩子承担的事情都揽到自己这里。孩子作业有没有完成？孩子怎么不好好吃饭了？孩子怎么不收拾自己的房间？这些会导致孩子习惯对父母用一个口头禅——"都怪你"：都怪你没有叫我起床，害我迟到了；都怪你，给我收拾完房间，让我的东西找不到了；都怪你给我报了这么多课外班，我都没时间完成学校作业……

我家孩子曾经也这样过，我开始思考是我哪里出现了问题，导致孩子会这样说话。最终，我发现是我把她本该承担的责任揽了过来。那我为什么总要承担她本该承担的责任呢？我居然发现是"彼此信赖"的问题，因为我不相信她自己能起床而不迟到，因为我不相信不催促她能主动学习。当我不相信孩子的时候，孩子读到的就是"既然你不相信我，你都替我做了，反正做错了也不是我的责任"。

那这个问题如何解决呢？在书中我看到了一个清晰的答案。

作者说："我们说信赖孩子的时候，到底在说要信赖什么呢？其一是要相信这个孩子能够完成课题。"作者举了一个例子：

经常有家长来咨询我，孩子不学习该怎么办呢？我一般会这样询问前来咨询的家长："假设孩子不学习，这件事最后的结果是由谁来承担呢？最终谁会苦恼呢？"

但他们焦躁的不是孩子的课题，而是父母的课题。也就是说，即便焦躁的原因是孩子不学习，这个问题也必须由父母自身来解决。

因此，在"我的课题""对方的课题"之外还存在"共同的课题"：以在旁守护为基本，在孩子解决不了时出手，提议作为双方共同的课题，表现出想要提供帮助的态度。

读完这段之后，我恍然大悟。很多时候作为父母，我们焦虑，我们担心，我们无法承担这份焦虑和担心，因此恨不得自己用大人思维化身为孩子，为孩子学习，为孩子早起，为孩子做了一切。带着"都是为你好"的思维，让孩子失去了自己本该拥有的生活体验，包含失败的体验。而父母却迟迟不敢面对自己的焦虑。就像作者所言，想要帮助孩子，首先需要父母自身是幸福的。所以，焦虑的父母们，请先回到自身，解决自己的焦虑问题，带着幸福的状态去和孩子相处。

我们能做到不要插手，在旁守护。信赖孩子是需要勇气的。

伊丽莎白·莱瑟在《破碎重生》（我非常喜欢的一本书）中谈到，"养儿育女是一场令人敬畏的成长"。

如果我们总是抢先一步满足孩子的所有需求，承担所有的责任，想保护孩子不受世界之苦，那么我们就剥夺了他们为最终的凤凰涅槃而必须进行训练的机会。给孩子太多并不是一份礼物，而是一种剥夺。我们必须摸索出控制与宽松、恐惧与信任、执着与放手之间的微妙平衡，直到养儿育女的冒险之旅结束。

养儿育女是一趟冒险，生命的本质就是改变，在这个过程中，我们都不是完美的，正因为我们的不完美，我们才愿意和有动力改变。所以，我们要学习如何做父母，也允许自己就是一个不完美的父母，但却是一个一直持续成长的父母。

陈爱芬
《与负面情绪握手言和》《教练式沟通》的作者

前　言

儿子出生时，我在大学教授哲学和希腊语。同现在比起来，当时可支配的自由时间更充裕，得以关照到孩子。那时的情况真的是碰巧允许我可以这样做，而非有意为之。万万没有想到的是，与孩子们共同度过的时光给我的人生带来了巨大改变。随后女儿也出生了，7 年半的时间，我一直接送孩子们往返保育园。由父亲早晚去保育园接送孩子，这在现在已经不是新鲜事了，但在当时还是会被用好奇的眼光来看待的。

最后一天去保育园接送孩子的情形，我至今仍然记得。那天早上我从保育园回家的路上，也许是因为女儿没有坐在后座的缘故，总觉得自行车骑着更轻便了。当想到这天是最后一天接送孩子的时候，我突然意识到：无论我今后还会活多久，可能再也不会迎来如这七年半一般幸福的日子了，这七年半的生活，真好。

我之所以至今还对那一天念念不忘，是因为我开始用肯定的眼光来看待和孩子们共同度过的每一天了。话虽如此，当初接送孩子们去保育园时，我虽然不至于觉得为了孩子们牺牲了自己的人生，但这的确给工作带来了限制，我也无法回避因此过着和别人不一样的人生这样的想法。因为每天晚上七点要去接孩子,为了确保赶上这个时间,我无法去远的地方。傍晚即便想去哪里,一想到还要去保育园,就心灰意冷、提不起兴致了。

最开始的时候,我觉得和孩子们在一起的每一天都不顺心意,简直就是苦难的连续。后来我的想法逐渐发生了改变。发生这种改变的原因在于通过与孩子们一起的时光,我学习到了很多,与孩子们的关系也逐渐变好。从一无所知的状态直接陷入育儿的漩涡中,这不仅是我,也是每一位为人父母者都会经历的。现在我也从一个"育儿小白"成长为可以在咨询或者演讲中来讲述相关经验的育儿前辈了。

相信每天带孩子的人一定感触颇深,育儿绝非都是快乐的集合,也有太多的辛酸不易。不要说喜悦了,简直是人生的重负。曾经听矢野显子(坂本龙一的前妻,日本爵士钢琴手,日本著名的歌唱名伶)在访谈中这样说过:"在孩子出生后,与孩子没有出生时的人生明显不同。要说哪里不同,我也说不出来,只是不一样了。"其实带来这种变化的一个原因在于,父母必须要在孩子身上花费很多时间和能量,为此生活方式与孩子出生前相比会产生巨大改变,另外,与孩子在人世间的相遇也会带来心理上的变化,也是会感到孩子出生前后的人生不一样的原因。

以育儿为契机,我开始学习阿德勒心理学。那是在我的儿子

2 岁多，马上要到 3 岁的时候。阿德勒心理学是由奥地利精神病学家阿尔弗雷德·阿德勒创立的，是以创作者名字冠名的心理学。后来我创作了心理学入门书《阿德勒心理学入门》，以及其他几本书。以育儿、教育为主题创作一本书我还是第一次。我的孩子们都已经到了不需要父母援助的年龄了。虽然伴随着孩子的成长，我的想法和心境在逐渐发生改变，但不管怎样，我一直想就我的育儿和教育的经验做个总结。提到本书的特色，那应该就是书中所写皆为我与孩子相处中的真实体验，都是经过实践的。光学习理论是远远不够的，所以我尽量还原日常情景，真实具体地书写。谨盼望能够为目前正处在育儿和教育孩子阶段的人士提供参考。

目　录

推荐序一　哲学家是怎么养孩子的

推荐序二　没有完美的父母，只有不断成长的父母

前　言

第一章　育儿的目标 / 001

尽是未知的 / 002

为了帮助孩子 / 008

只有爱与只有技巧，都不够 / 010

为了自立 / 015

育儿没有魔法 / 019

第二章　理解孩子的行为 / 025

孩子的问题行为 / 026

给予的爱不够吗 / 031

凭"武力"解决 / 035

不写作业了 / 037

吸引关注 / 038

第三章　停止训斥孩子 / 049

关于训斥 / 050

被训斥后会发生什么 / 058

关于批评 / 063

距离的问题 / 066

没有叛逆期 / 071

何以取代训斥 / 072

不必情绪化 / 073

坚定的态度 / 076

第四章　停止夸奖孩子 / 081

父母能做的 / 082

并"非""总是"在产生问题 / 083

关于夸奖 / 085

大人与孩子是平等的 / 090

第五章　给孩子勇气 / 095

有勇气 / 096

鼓励的目的 / 098

认可自己的价值 / 099

不被他人的评价所左右 / 101

将缺点看成优点 / 102

贡献感 / 108

不求回报地给予他人 / 111

不惧失败 / 112

平等相待 / 115

第六章　构筑良好的亲子关系 / 117

构筑良好的关系 / 118

互相尊重 / 118

相互信赖 / 124

信赖什么：课题的达成 / 126

信赖什么：怀有"好的意图" / 157

合作 / 161

目标的一致 / 165

第七章　今后的育儿——关于鼓励 / 169

后记 / 175

译后记 / 178

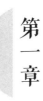

第一章

育儿的目标

尽是未知的

开始养育孩子后，我切切实实地感受到，实际上我对育儿一无所知。明白这一事实我花费了很长时间。类似于冲奶粉、换尿不湿这种事情，尽管也都是初次接触，但是很容易学会，哪怕不是特别熟练，却也能应付。关于育儿的很多事情，因为没有在其他家庭生活过，所以别人到底是如何被养育大的我无从知晓，但当时我想我可以模仿我父母养育我的方式方法。

在送孩子入保育园之前，有一段时间白天也需要我一个人照顾孩子。因为当时妻子结束产假返回职场恰好是年中，所以到四月份（日本的新学年为四月份开始）的那段期间都需要我来照看孩子。这是一件很不容易的事情，我也不是没有预想到，但是我这个人一旦开始新的挑战就会心情雀跃，很激动，所以我也没有太深入思考，就开始了独自照看孩子的日子。然而，很快我就意识到当时的乐观，是因为我还并不清楚等待着迎接我的是苦难。

儿子白天一直睡得很好，我想趁他睡着的时候完全可以做一些研究和讲义的准备工作，但是很快我就意识到这样的想法太天真。

早上，在看了几部儿童电视节目后，儿子的确开始入睡了，想不到的是我也开始犯困，和儿子一起睡着了。然后我在孩子的哭声中醒过来，结果就是我和孩子从早上到晚上，一直同频生活，根本无暇工作。

如此循环往复，每天都这样度过。只有我需要去大学上课的日子，必须请人帮忙照看孩子。所以，那一天我会拜托一位临时育儿嫂，她是友人的短期大学的学生。记得第一天外出要把孩子交付给她的时候，虽然能看出来她是喜欢孩子的，但我还是突然变得不安起来并开始问她：

"你会冲奶粉吗？"

"不会。"

"那么，你会换尿不湿吗？"

"不会。"

我惊讶于这个人连尿不湿都不会换，竟然还应聘育儿嫂，怎么会如此大胆。仔细想想，她当时才 18 岁，没有冲过奶粉，没有换过尿不湿的经验也是无可厚非。后来她在很年轻的时候就结婚生子了。我的孩子长大后有一次和她又见面了，她非常高兴地说，当时来帮忙照看孩子的经验派上了用场。她还说当时正因为一无所知，才敢接受临时保姆的工作，换做是现在，就知道了帮人照看孩子真不是一件小事情了。

从这个角度来讲，我也是一样的。当时会勇敢地想负责白天来照看1岁的儿子也许恰恰是因为不知道育儿的艰辛吧。如果想要开车，必须要取得驾照，也必须要去驾校学习。然而却没有谁会想生了孩子后去类似于驾校的地方学习育儿，考取育儿资格证书，也没人会认为这很不可思议。但是请注意，这其实就像自己接受过阑尾炎的手术，也以为自己能给别人做手术一样。我曾经也认为不学习育儿知识没有什么不妥，想着只要回忆起来父母是怎么养育我的，再用同样的方法教育我的孩子就可以了。但稍微想想，我发现我记不起来特别小的时候的事情，所以也不可能知道那时候父母是怎么养育我的。

总之，可以说事情就这么仓促地定下来了。即便我知道换尿湿的方法，但很快就痛彻地领悟到：有很多事是我束手无策的，比如孩子夜哭的时候怎么办呢？孩子在超市里哭喊着想要玩具时怎么办呢？……即使训斥孩子也不会停止哭闹，我在寒冷的冬夜里单手拿着奶瓶束手无策。如此种种，很多为人父母者都是一直不知道具体明确的处理方法，当场应付了事，孩子也就这么长大了。

网络上关于育儿的知识，不仅不匮乏，反而太泛滥了。有的人说一定要批评孩子，有的人说不能骂孩子，要夸奖孩子。很多父母陷入这样的漩涡中，傻傻地分不清楚，不知该怎么办了，对孩子随便应付了事。

除此之外，还有的人尽管知道育儿的技巧，却没有思考过育儿的目标到底是什么。这样即使具有育儿的知识，也可能会面对孩子并不按照父母想象的一样成长的事态，进而迷失方向，一筹莫展。当然，我认为想将孩子培养成父母想象中的样子，这种想法本身就有着探讨的余地。另外，真的是父母培养孩子吗？实际并不一定，关于这一点会在后文谈及。

山本有三有一本小说名为《波》，借用书中的比喻，"我们就像被波浪裹挟着，从古至今几乎没有变化过，不断重复同样的事情"。我们想要模仿学习父母的做法，尽管父母的做法也不尽然全是对的。父母在育儿方面不足的地方，在孩子成为父母后，也会有原样照搬的倾向。当然主观上应该没有人会有意重复与父辈同样的错误。我当时根本没有精力去考虑到光是模仿父辈的做法是不够的，就这样最初的几年转瞬即逝。当然了，那几年并不是什么都没有发生，没有波澜，而是每天都在不断试错。

前面已经提到过，儿子进入保育园之前，刚满 1 岁的时候，我白天负责照看他，那时候真的很艰辛。当时儿子还不会走路，而且白天也睡得很好，我本来想趁着他白天睡觉的时间准备上课的讲义。孩子虽然还不会走路，但除了睡觉时间，他不会闲着，一直活动，所以一刻也离不开人。就这样我开始了和儿子同频生活的每一天，结果和当初的预想相反，白天根本无法工作，其他什么事都做不了的我开始焦躁起来。

天气不好的时候我们会待在家中，不过天气晴好的时候肯定也不能关在家里看电视，而是会骑着自行车去公园。然而不可思议的是，在公园里我也心不在焉，眼中完全没有孩子的身影。

当然我也知道孩子十分可爱，每天都在飞速地成长着。但如果每天都和孩子一起玩耍，累了一起睡觉，循环往复，精神上真的很疲惫。心情变得很焦躁，感觉自己像与社会隔绝了一样，特别想要回归正常的工作状态。

我在报纸上看到过这样的事：结婚后怀孕了的主妇，在孩子出生后几乎没有离开过公寓，到了晚上看到年轻的时候经常玩耍的街道的灯光而泪流满面。我对此感同身受。

当孩子总算可以送到保育园了，白天可以不用照看孩子了，也并不意味着所有的事情都迎刃而解了。儿子2岁了，我也开始正式学习育儿的相关知识。虽然在那之前我也很强烈地感觉到学习育儿知识是很有必要的，但是对于具体怎么学习却很茫然。有一天，儿子给我提供了一个契机。那天，儿子从保育园消失了。庆幸的是他很快在保育园的附近被找到，没有出现无可挽回的后果。当时我就是以此事为契机开始学习心理学的，也就是前言中提到的阿德勒心理学。

我的专业是哲学，一直以来都在研读公元前五世纪希腊哲学家柏拉图的作品。当我读到一位热衷教育的父亲，向苏格拉底请教如何培养出优秀的孩子的时候，我不禁感叹在这一点上真是古今一致啊！也正因为如此，我们得以阅读两千五百年前的作品，可以将古典作品中的知识学以致用。

自古以来，人们对于教育的热忱一以贯之，而且人类已经有着数千年的育儿历史了，从这个角度来讲，我们可以认为教育孩子是不需要特意耗费心力的。但光靠经验，进步的脚步是缓慢的，而且太缓慢了，慢到人类会不断重复同样的错误。希腊人一直被这样的一个问题所困扰，并且围绕这个问题争论至今：知识是可以传承的，但是人的"德行"（柏拉图将其称为"美德"）是不是呢？相信在现实中你也一定有过这样的困惑吧，即不知道为何卓越优秀（也可能有讽刺意味）的政治家的孩子可能并没能继承父母的德行，成长得很平庸。

哲学与心理学并非完全不同的学问。对于我来讲发生的最大的改变应该是，我的"格斗"对象从以往的静止不动的书本，变成了每日成长，甚至无法预测下一瞬间会如何的孩子。

为了帮助孩子

没有父母会不想帮助孩子吧。在父母的眼中，孩子思考或者做的事情总是很幼稚、很危险。

不过呢，父母想要帮助孩子，可是孩子却有可能会觉得父母多管闲事，很烦。本意是要帮助孩子，却因此伤害了亲子关系，父母觉得到了必须行动起来帮助孩子的时候了，孩子却只是认为父母的帮助很烦，最终父母也无法向孩子伸出援手了。

我回忆起自己孩童时期父母的做法，并仿照着面对自己的孩子，经常会发现这些方法并不奏效。我意识到这样的情况却不知晓如何应对，最终每天花费大量时间和精力在孩子身上，精疲力竭。

其实要帮助孩子，首先一定要掌握适当的方法。其次要实现有效的帮助，必须具备良好的亲子关系。其实孩子有时候尽管知道父母说的没有错，但可能还是会故意地想要逆着父母，与父母唱反调。让我们来思考一下，在什么样的亲子关系状态下才能够帮助孩子，具体来讲，应该如何和子女相处呢？

想要帮助孩子，首先需要父母自身是幸福的。当子女陷入困境时，父母也一起跟着烦恼，那就真是一起跌入了无底深渊。如果询问孩子，"你希望父母苦恼着，还是幸福呢"，一定会得到希望父母能够幸福的回答。孩子也会意识到，自己想要的可不是父母因为自己而烦恼。然而，孩子自身也好，父母也好，可能都不知道其想要的到底是什么。我曾经将此作为课题进行思考研究。

即使发生了问题，但只要没有造成严重的后果就好。哪怕孩子掉进水池里快要溺水了，也不要慌慌张张，而是稍微等一下，孩子就会放松。这样的话，身体就会浮起来，这个时候再向孩子伸出手，或者递给孩子能抓住的东西，或者跳入水中施救。父母如果很焦躁烦恼的话，就可能会错失救助的最好时机。过度紧张焦虑和认真是两回事。育儿实际上是事关孩子生命的，必须认真对待。然而，很多时候父母会不知道怎么来照看和对待孩子，刚解决完一个问题，又要面对孩子成长过程中不断产生的新问题，一波未平一波又起。发生问题时如果知道应对的办法还好说，要是因为不知道怎么处理而过度焦虑，问题则无从解决了。一旦出现问题，绝大多数的父母都会责备自己，或者被周围人责备，情势不由得严峻起来。为了避免产生严重事态，很好地面对孩子，有几件希望大家知晓的事情。有的父母因为孩子去做心理咨询，咨询师会告诉你你之前的育儿是有问题的，但是过往不可咎，事已至此无法回到过去了，所以你也只会更消沉。为从这种无益的消沉中走出，接下来我们来一点点地分析应该如何思考。

有的人也许会说我在育儿过程中没有遇到任何问题，孩子完全不用操心。这种人恐怕也有。但如果养育的是这样理想的、顺从父母意志的、丝毫不叛逆的孩子，父母也就不会来读这本书了。后面我们也会谈及关于孩子对于父母言听计从、毫不逆反到底是不是好事，本书中想首先探讨的是，孩子做出在父母看来有问题的行为时，到底发生了什么。其次在考察的基础上，探讨传统的育儿、教育理念到底是否可以有效帮助到孩子。最后来一起探讨应该如何与孩子打交道，好的亲子关系到底是什么样子的。

只有爱与只有技巧，都不够

恐怕世界上就没有不爱子女的父母吧。但我认为对待子女，只有爱是不够的。之所以这样说，是因为我发现父母的这种爱呈现在子女眼中可能是相反的，他们可能觉得父母一点也不爱自己。尤其是一直独占着父母的爱的长子，伴随着弟弟、妹妹的出生，仿佛从王座上跌落下来，跑来问"你到底喜欢的是弟弟（妹妹），还是我？"这种让父母很震惊的问题，是很常见的。即便父母尝试着回答说"并不是这样的，我也爱着你呀"，父母的心情也丝毫无法传达给这个孩子。如果目前孩子感觉没有被父母所爱着，至少没有如孩子想象中一样被爱着，我们该怎么办呢？

育儿的过程中我逐渐意识到：只有爱，是无法养育孩子的。在我的儿子 2 岁时，我真真切切地感受到不掌握育儿技巧，是很有心无力的。在那之后，在每天与孩子的相处中，我不断地学习育儿技巧。

但是，如果对待孩子只有育儿技巧而没有爱，这种技巧则可能成为更危险的毒药。我一开始将育儿视为一种技巧来学习，后来造成了严重的问题，也深刻意识到父母怀着让子女顺从自己的目的来学习育儿技巧的话，是非常危险的。

有人会认为孩子是"物"，即不具有人格。我完全不理解这些人的想法从何而来，不知道是不是因为觉得孩子是从自己的体内生出来的所以才会这么想，当然肯定不是所有的女性都会这么想的。

我曾经几次在电视节目上看到过大人在问孩子"你是谁的"的画面。当然，以孩子是归属于谁为前提，面对孩子问出这样的问题本身就是很奇怪的。那个看起来大概 3 岁的孩子思考了一阵后这样回答：

"应该是妈妈的吧。"

或许有的父母听到这样的回答后会很开心吧，但是哪怕是孩子，也不是属于他人的。如果是大人的话，一定会马上知道这样的问题是很奇怪的。我想这个孩子一定是在平时听父母说过"你是我的孩子"这样的话吧。

在孩子年幼的时候，如果做出什么问题行为，父母也许可以竭尽全力压制下来。一旦自己使出浑身解数都无法应对后，有的家长就会选择去精神科就诊，或者去做心理咨询。彼时家长真的是消沉、郁闷的。前来咨询的父母往往会对我说这样的话：

"这个孩子变成这样都是我的错。"

真的是这样吗？的确，当家长们问我"这一切的发生，到底是谁导致的呢"的时候，我有时候也会想要说"是你的错"。但是无论在什么情况下，无论父母是什么样的，孩子都是有着自己的意志的，即使父母会给孩子带来一定的影响，尤其是本意不想带给孩子的，父母的影响也绝不会起到决定一切的作用。

所以即使家长来做心理咨询，满面愁容地跟我说"都怪我孩子才会变成这个样子"，我绝对不这么认为。这样的父母，如果子女成功了（虽然如何定义"成功"是很困难的一个问题），他们很可能会说"多亏了我孩子才会成功"。实际上并不是这样吧，是因为孩子自己很努力才会取得成功的吧。我认为为人父母者不能如此支配孩子，到了甚至会认为自己能够给孩子的人生带来如此深远的影响的程度。

无论父母如何看待、对待孩子，孩子都会不断成长，也终将迎来离开父母而独立的那一天。那些不认为孩子有独立于自己的人格，认为父母要承担子女人生的全部责任的人，是无法忍受孩子离开自己的。父母需要对孩子的人生负责，这句话乍一听起来很不错，但实质上是要孩子按照父母的意志成长。当孩子想要自立时，那些期望能从孩子身上得到回报的父母也会有不少的抵触情绪。在这样的父母身边长大的孩子，离开父母生活其实是件可喜可贺的事情，尽管父母可能因此很悲伤。

与此相反，也有的孩子即使长大了也无法离开父母。这不禁让我联想到那些一直拉着妈妈围裙的带子不松手的孩子。前面提到的父母可能会为孩子依赖自己而开心，但我的育儿目标是希望孩子能够自立。

谈到父母，我们会发现有这么一种人，他们如果得不到别人的认可是不会舒心、不会善罢甘休的。这样的人认为育儿是一件回报太少的事情。一旦孩子对父母的所作所为用语言来顶撞，父母可能会想要说出：到底，是为谁（当然到底是为了谁呢？）我们才一直这么辛苦的。实际上这种反抗也是孩子成长的一种形式。

孩子不可能会记得小时候发生的所有事情，比如他们也许不会记得小时候远行时的辛苦。像带孩子一起坐地铁这样麻烦的事情，为人父母者很难忘记，可是孩子长大后大抵都是记不得的。所以我深切地认为育儿不是会有回报的事。有一次和儿子聊他小时候，他完全不记得我每天去保育园接送他了，只记得有一次停下自行车后，他还在自行车的后座上，突然自行车倒了，他撞到了头的事。但是，哪怕孩子什么都不记得了，如果父母可以在孩子取得每一点进步、每一次成长时，分享孩子成长的喜悦，这又何尝不是一种回报呢。其实也就不再需要孩子的报答，如果期待来自孩子的报答，期待极有可能变成失望。

当然，孩子不会一直带给父母喜悦。尽管是自己的孩子，也有生气到想动手打他的经历，想必所有的父母都有过吧。而且还有可能一而再，再而三地发生。孩子长大后虽然也可能并不记得这样的事了（在这里，是否应该说是庆幸不记得呢），不管怎样，和受到父母的严苛对待和训斥比起来，孩子还是更希望得到父母的珍爱吧。我认为在孩子长大后，哪怕已经不记得那时如何被父母视若珍宝了，但每一份被珍视时感受到的心情一定会像一颗颗明珠一直留在心里。

为了自立

孩子的成长比父母想象中更加苗壮、充满活力。正因为如此，其实用同样的方法对待不同的孩子，孩子如何接受，都是取决于孩子本身的。有时父母会起到反面教材的作用，有时孩子也可能会被父母讨厌而"被动自立"。如果父母将自立作为育儿和教育的目标，不能不说这也是一种成功。但是最佳状态还是希望能够为孩子提供合适的帮助，并且构筑起稳定的亲子关系。当然，哪怕父母提供了合适的帮助，孩子怎么接受帮助也是未知的。

孩子从小宝宝阶段开始，凡事都面临初次尝试的同时，父母也一样初为人父母。我想到了这样一件事：当时儿子即将步入小学，他就读的小学其实也是我小时候读的学校。儿子与我不一样，他在保育园度过了很长的时光，所以我一点也没有担心他到小学后的人际关系。我自己当初只读了一年的保育园，并且由于生病的缘故中途就退学了。实际如何，我已经记不清了，但是和儿子、女儿不同，记忆中的自己对于去保育园是非常有抵触情绪的。我倒是没有担心过儿子不去学校，但是上学路上有一个没有信号灯的视野很差的三岔路口，我特别担心他一个人怎么通过这个路口。

庆幸的是学校指定了一条不用过这个三岔路口的上学路线。虽然要绕远，孩子要走 30 多分钟，心里觉得对孩子来说走的时间有点长，但是因为有信号灯所以就相对放心些。

小学入学仪式的前一天晚上，儿子根据自己的记忆画了一张从家到学校的地图。那是一张很完美的地图，甚至完整清晰地画出了途中的标志性建筑。不愧是在 2 岁的时候就从保育园出走，想要独自归家的孩子。

平时习惯晚睡的儿子在看时钟后发现已经晚上八点时，说"不好了，必须得早点去睡觉了。明天可是开学典礼"，赶忙进到卧室换了睡衣。不过好像因为太过兴奋，并没有顺利地快速入睡。

这样，在开学典礼结束后，儿子开始了元气满满的小学生活。从那时候起，我也开始变得繁忙，白天没有时间待在家里，儿子放学到家之后家里也没有人在。当然我也考虑过儿子可以参加下午五点的托管班，但是儿子却说不想去参加。就这样，他每天脖子上挂着钥匙，背着大书包，全力奔跑到集体上学的集合点。在这之前的五年间，不论是刮风还是下雨，我每天都坚持骑自行车去保育园接送他，但从现在开始他可以一个人去学校，又一个人从学校回家。因为不用接送了，我也轻松了不少。

大概过了两个星期，学校指定的上学路线发生了变更。和之前的路线比起来要近一些，这一点很好，但是问题是必须要通过之前提到的三岔路口了。早上因为是在集合点集合后学生们集体去学校，所以没有什么问题，但晚上放学后需要一个人回家，因为我之前在那里出过交通事故，所以很担心。跟儿子商量后，一向很谨慎的儿子说他可以每天绕远避开这个路口，得到老师的许可后，他就开始每天迂回绕远回家了。我是一个爱操心的人，孩子学会骑自行车后，就开始担心孩子千万不要遇到事故，但是仔细想想，和我比起来，孩子可能更加小心注意，并且行动敏捷，从这个角度来说，可能儿子骑车比我骑车还要安全。现在每每回想起这些事我就非常惭愧。

那段时间，我因为儿子每天绕道回家而安心。然而，有一天我下班早，恰巧碰到了放学回家路上的儿子。那应该是开学后两个月左右的时候，我看到他并没有绕道，而是很冷静地横穿过没有交通信号灯的三岔路口。

"为什么没有从那条路回家呢？"我询问他，他并没有直接回复。

"我已经走了很久这条路了哦"。他说。我当时真是觉得自己的担心都枉费了。

四年后，女儿开始读小学时也遇到了同样的问题。女儿说她想去课后托管班,因为那样她可以和上保育园的时候交的朋友在一起,然后等着哥哥学习结束后来接上她一起回家。听说哥哥不是去托管教室接她,而是两个人定好时间和地点后集合。

"这样,你还在那棵树下面等我哦。"

"好的,知道啦。"

我听过兄妹俩这样的对话。由于两个人这样一起回家,女儿会产生依赖性,所以开始没法一个人独自回家。其实没有依靠的人才更自立。

要说儿子是不是讨厌和妹妹一起回家,好像也并不是。有一天我白天上班路上恰巧遇到了回家路上的兄妹俩,从很远处认出来我的兄妹俩朝着我跑过来。那是一个寒冷刮大风的日子,儿子之前一年四季都是穿着半袖和短裤,但是从四年级开始,冬天也会穿上夹克。我看到兄妹二人的时候,哥哥把夹克脱下来给妹妹穿着,自己抱着肩膀往前走着。由此我也知道了兄妹俩尽管在家里经常会发生激烈争吵,但在外面的时候关系很要好。

在同一个家长大的兄妹俩,儿子可以心平气和地一个人早早地上下学,一个人在家,但是女儿却没法一个人回家,不能一个人在家。这样的不同到底是如何产生的呢?当然实际上女儿绝非无法一个人待着,有一天哥哥放学后去朋友的家里玩了,那天因为不能和哥哥一起回家，她是一个人回来的。所以她并不是一个人回不来。我是在女儿到家后不久进的家门，她开门后直接坐在玄关，眼睛都哭肿了。

育儿没有魔法

如果育儿有一种魔法，即有一个指导手册，只要照做，不费功夫孩子就成为父母理想中的样子，那育儿也就轻而易举了。然而现实告诉我们，哪怕是同一个家庭的不同孩子之间也都是不同的，所以肯定没有适用于所有人的做法。

但是也正因如此，我才能说和孩子在一起是快乐的。不擅长和孩子相处的人，会感觉自己很难应对孩子无法预知的反应。因此想要找到孩子行为的一些法则，这样的想法也是自然而然、无可厚非的。

可是，一方面，我们要知道孩子是可以选择自己的行为方式的，所以做出出乎大人意料的事也是情有可原的。有的人觉得正是因为这样的不确定性，育儿才是件很困难的事情；另一方面，有的人却觉得正是因为要面对和处理这样满满的不确定和意外，才得以从中体会到育儿和教育的精妙之处。前言中我曾说过，觉得和孩子在一起的每一天都很痛苦，对于孩子的哭声有人会觉得特别糟糕，也有人并不这么认为。就我的经验来讲，一个人带孩子时，孩子哭了的话，如果大人本身已经忙的一团糟了，听到哭声真的会感觉神经受不了。此时，如果可以同孩子做简单的交流："不要哭就好了，下次这样办哦"，事态就不会演变得太过严重。想要掌握这种思考方式和方法，就必须要知晓比如孩子为什么会哭。关于这一点会在下一章中详细介绍。

我听过这样的一个故事。有一个刚刚开始育儿生涯的年轻人，看到尿不湿的广告中，使用蓝色液体代替婴儿的小便，来展示尿不湿的吸收过程。她发现自己宝宝的小便居然不是蓝色的，便开始怀疑是不是宝宝生病了。听到这个故事的人，或许会震惊于有人会这么想，这应该不是一个真实的故事。但不管怎样，即使实际中不会出现故事中的年轻人这样的情况，也会有<u>很多人读了育儿类相关的书籍，发现自己的宝宝和育儿书籍中所写的不一致时，多多少少会陷入不安的情绪中</u>。就像读了医学类书籍后，就会觉得自己一定是生病了。

我在孩提时代曾经读过几本育儿和心理学方面的书籍。书中提到没有叛逆期的孩子是有问题的，我立刻开始不安起来，因为印象中我在那之前都没有叛逆过。关于叛逆期会在后文中介绍，我也是直到很久以后才意识到，这种担心就和刚刚因为孩子的小便不是蓝色而担心孩子病了是一样的，并无不同。

每一个孩子都是独一无二的。每个孩子都有自己独特的个性，孩子不符合"标准"也未尝不可。那些会因为自己的孩子与别的孩子不一样，而担心自己孩子有问题的父母，在处理和应对与孩子相关的事情时容易产生问题。如果这些父母将"与其他孩子不一样"视为不符合标准，则势必会认为应该纠正不同于其他孩子的个性，也因此很容易折断孩子好不容易成长的萌芽。

还有一件事希望大家能够知晓：育儿也好，教育也好，都不是立竿见影的。有一天我去银行办事的路上，走在我前面的一位女士突然放慢了脚步。就在我快要超过她的时候，我发现她好像有话对我说，于是我急急忙忙地摘下耳机。

"请问，车站在哪个方向呢？"

"沿着这条路一直走就到了。"

她问我车站的位置，于是我这样回答了她。我继续戴上耳机听音乐，跟刚才一样，走在这位女士的后面。就这样大概只走了几十秒，她又突然放慢了脚步，看起来像是在怀疑这条路是否真的能到达车站。不过很遗憾的是，在她问我之前我已经到银行了，所以我也无从得知后来的情况。在她开始问我去车站的路的时候，

"大概要走几分钟，最后在左手边就能看到车站了……"或许我告诉她这些信息就好了。我本来以为提供给她"直走"的信息就足够了，但实际上并不充分。每个人都是不一样的，也有人会因为获得的信息不足，不能马上看见目的地而陷入不安的情绪中。

实际上，即使阅读了育儿和教育相关的书籍，或者听了一些经验分享，并完全按照书上或者听到的经验去做，也不会在初期马上见效。甚至可以说，如果按照经验去做，孩子的言行真的以肉眼可见的速度发生变化，我反而认为这样的知识很危险。

我貌似从一开始就一直强调育儿、教育的困难，如果各位读者继续往后读就会明白，育儿过程中尽是一些说起来理所当然的，但是直到过后很久才意识到并且恍然大悟的事情。实际上在真正带孩子后会发现其难度可能远超在读相关书籍时的想象。

前文曾提到我们无法预知孩子在下一瞬间要做什么，的确是这样的，这并不夸张。那孩子的行为是不是毫无原则，无迹可寻呢？其实也并非如此。父母有时候无法理解孩子的行为，但其实改变一下关注点就能有新的发现。接下来我们来讲一讲应该从何处着眼，一旦破解了着眼点，父母就不再觉得孩子只是单纯地要为难父母而做出一些问题行为，而是会认识到孩子去做这件事是有自己的原因。如果有了这样的认识，也就知道如何应对了。

前文说过在本书中的故事都是我和我的孩子之间曾经真实发生的事。我绝不希望读者像背诵应用题的答案一样来学习处理方法，不是机械地记住什么时候该做什么，而是希望各位能够理解为什么要采取这样的处理方法，去理解问题产生的根源。

面对不同的孩子，即使说出同样的话，产生的效果也不一样。理由很简单：我的孩子和你的孩子不一样。不过通过一些实例读者会明白，即使在细节的地方各有特点，孩子的言行其实也是有原则、有迹可循的，绝非没有准谱。如果能够破解孩子的行为准则，就能冷静地，甚至心境平和地以一种享受的心态面对孩子了，当然或许现在你并不是这么想的。

第二章

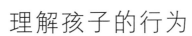

理解孩子的行为

孩子的问题行为

"我家的孩子是什么都听父母的好孩子"，这么说的父母是不会来做心理咨询的。大部分来咨询的父母都是发现孩子产生了在父母看来是有问题的行为（特意用了这种兜圈子的表现）。如果孩子不会做出任何让父母头疼的行为，或者哪怕产生问题了但是马上就能解决的话，那和孩子在一起就会轻松很多，这一点很容易想象。但是现实真的是一波未平一波又起，刚以为解决完一个问题，又产生了下一个问题。一旦哪一阵子父母发现自己不用为孩子的事困扰了，可能此时孩子已经自立了。很多人此时会全然忘却育儿时的辛劳，只感到孩子离开的寂寞。都说子欲养而亲不待，同理，想要再养育一次孩子，孩子却已经去到我们不可触及的远方了。

面对孩子产生的问题，有些人误以为解决了就万事大吉了，其实那就像海市蜃楼，在解决了这一问题后，又会有其他新问题出现。或许你也曾因为无法一劳永逸而沮丧吧。

孩子一直在成长着，伴随着成长必然会产生新的问题，父母和孩子其实是一起在成长。在我看来，亲子关系并不是解决了某个问题后，却离目标愈加遥远的海市蜃楼，而是像螺旋式楼梯一样不断向上盘旋。即使看起来还在原地，但一定是比以前更高了。总有一天你会发觉，在育儿过程中尽管看起来父母与孩子的关系数次回到原点，毫无进展，但其实已经来到了很高的地方。

关于育儿和教育，有人认为应该是在出现问题时努力解决，消除孩子性格和行为上的问题，我对此持有不同观点。我计划在后面的文章中介绍这一点，其实这类似于不管怎样先让花儿盛开，如果出现问题并且有必要的话再采取一定的措施，然而实际上在花儿盛开的时候，以前认为是问题的事情也就不成问题了。

在日常生活中，丝毫不为孩子的事所困扰的父母应该是不存在的吧。大部分情况是没有出现太大的问题，我指的是没有出现需要接受咨询服务的程度的大问题。这就类似于说不上是生病但也不健康一样，比如，现在只是并没有出现发热的症状，并不是没有生病就是健康。同理，亲子关系也应该包含着更积极的意味，而并不是没有问题就可以。

就花的例子来说，我们不知道最终到底会开出什么样的花，同样的，没有问题的亲子关系到底是什么样的，对此持有明晰的想法的人应该也很少吧。刚刚我们提到育儿没有魔法，如果假设有这样一种魔法，孩子身上的无论是大问题还是小问题，在孩子睡着后魔法就会起效，通通可以解决。而且父母和孩子都不知道自己被施展了这样的魔法。第二天早上，到底发生什么才知道魔法发挥了作用呢？相信很多人回答不了这个问题吧。

当然现在讨论这个为时尚早。话说回来，在孩子做出父母看起来有问题的行为时，到底发生了什么呢？

前文中提到只有爱，没有技巧，这样的爱是很无力的，对这一点我深有感触。有这样的感触是因为在儿子 2 岁时的一天，他突然从保育园消失了。下午三点左右，我接到了保育园打来的电话，"他已经到家了吗？"因为太过突然，我一下子并没有理解这句话的意思。另外，尽管孩子的腿脚很强壮，我也无法想象一个孩子独自步行 30 分钟回家。当我意识到孩子从保育园消失不见了，或许出了保育园往家的方向走着，一下子吓得我面如土色，差点晕厥。儿子读的保育园也是我小时候就读的，以前那一片儿是郁郁葱葱的，自然环境特别好。但是儿子入园那年保育园迁址了，通往保育园的路上车辆很多，虽然有交通信号灯，但是十字路口太大了，如果儿子真的走这条路可太危险了。庆幸的是儿子在距离保育园数百米的便当店门口被找到了。了解到从保育园到找到他的便当店，需要通过一个人行横道。后来我问儿子"你知道怎么看红绿灯吗"，儿子很平静地回答说："嗯，知道的，变绿灯了我才过的马路。"保育园的老师们根本没有想到孩子会跑到保育园外面，所以只在园内找寻了，的确，谁都想不到一个那么小的孩子会一个人走出这么远。

此时我一直不解并且纠结的点在于"为何"儿子要离园出走。当时正赶上午睡结束的时间，儿子同班小伙伴的妈妈来接孩子。这位妈妈要带孩子去打疫苗，所以比平时来接的时间早一些，保育园的老师说我儿子说了句"我也需要打疫苗"，之后好像就不见了。

对于父母来说，即使孩子没有发生这么大的事，也经常会有一些无法理解的小事，不知道"为何"孩子会这么做。此时，多想一想"为什么"，寻找孩子做出此行为的真正意图，就能够以一种全新的视角来看待孩子的行为。当时的我对于这些完全没有概念，只是单纯地无法理解这件事情。

在那之后，儿子在保育园再也没发生过离园出走这样的大事件了。不过他倒是经常在被送到保育园后不希望我离开，也很令人头疼。另外因为我一直都是骑自行车送他上下学，他也偶尔会不想坐自行车。我分析产生这些情况的原因在于我家附近的住户比较少，儿子没有能经常一起玩的朋友，缺乏社交，所以他才会不想去保育园，或者在保育园不想让我走。在入园前他白天过着几乎只和我有接触的生活，不过后来我意识到，这和孩子在保育园入口不想离开父母其实也并无直接的关联。

由于我一直接送孩子去保育园，所以有人会质疑孩子的母亲是不是没有充分地照顾孩子。在保育园的联络本上也一直都是我这个父亲在记录很长的关于孩子的事情。在孩子尚小、不足以用语言沟通的时候，通过看联络本可以知道孩子在保育园的情形，真的非常有用。每一位保育园老师都会详细地在联络本上记录，但曾经也有过一位保育园老师在上面评论道："请让孩子妈妈来写。"我很不能理解为何不能由我来写，恐怕是因为老师认为白天上班的母亲是不是疏于对孩子的关照了，对于这件事我印象十分深刻。当时儿子在保育园貌似是特别耗费老师精力的一个孩子。如果说孩子在保育园的问题正是家庭中亲子关系的体现，对此我只能说这让人很无奈。

有人认为，引发孩子问题行为的原因在于父母给予的爱不够多，那么到底该如何做才能给予孩子足够的爱呢？好像也并无明确答案。指出问题总是很容易，就像去医院看病时医生只是诊断出患了什么病是不够的，还要给开药、必要的时候还要做手术等，光是指出问题所在是不够的。如果给指明具体的做法，并且这个做法颇具可行性的话，父母很可能会想要朝着解决问题的方向去做出努力。抑或思考了一些解决问题的方法，但之后又发现方案不可行。即便如此，这种尝试或许也会对孩子的行为产生影响。

想想通过做些什么来让孩子感受到足够的爱吧。这样的话，在父母看来孩子的问题行为就会消失吗？在此提前透露一些后文要写的内容，我认为天底下没有不爱子女的父母，与之相反的，父母的溺爱，孩子方面的感情饥渴，也就是明明被爱着却想要更多的爱，由这些原因引起的问题反而更大。

给予的爱不足，不过是给白天将孩子送到保育园等，与孩子接触时间较少的父母捏造罪名的词语。我觉得这更像是在威胁父母如果给予孩子的爱不足，就会引发孩子的问题行为。

但是，只要一直在一起，给予孩子的爱就足够了吗？如果辞职在家，整天和孩子待在一起，孩子就会不同吗？更现实的做法应该是哪怕父母每天和孩子相处的时间有限，但是并不视时间长短为问题，而是思考如何更加有效地在有限的时间内和孩子相处。育儿之路并不会因为和孩子相处的时间足够长就会一帆风顺，相信一定有很多人都意识到事情并非如此简单了吧。

给予的爱不够吗

女儿出生时，儿子 4 岁。

那一年儿子在保育园很不听话，在与家长谈话时老师和我一直在讨论这事。很不好意思的是我也认真起来，和老师进行了下面的谈话。

"运动能力和其他孩子比起来要差一些。他已经入园很久了，有些我认为他应该能做到的事，但是他根本做不到，比如不敢从高处往下跳，去外面的时候也会很吵闹。""是吗？孩子和我一起出去的时候很能走，前一阵从保育园回家的路上也从那么高的地方跳下来了，还从和我身高差不多的地方跳下来给我看过。"

"他小时候是不是爬的时间太短了？都说这样的孩子腰和腿的力量比较差。"

"没有，并不是这样啊。"

"我跟他说话，他也不能一直好好听着，很快就坐立不安的样子，注意力也不集中……希望你们也能和我们一起努力。"

"我们需要做些什么呢？"

"现在，他的妹妹出生了所以他内心应该很不安定。是不是有想要和你们撒娇、争宠的心情呢？"

"这个嘛，不好说吧。"

"你们会抱他吗？"

"您的意思是？"

"你们在家会抱他吗？"

"什么？……抱……"

"请多抱抱他。"

我想这还是很容易的，老师又说："啊，对了，不是让爸爸多抱抱他，而必须是妈妈哦。在孩子上中学前必须多多抱抱孩子。"

"这也太肉麻了吧。"

"不能那么想。"

"那如果不抱，会怎么样呢？"

"因为给予孩子的爱不够，孩子会不想去上学。嗯……当然并不是绝对的。"

"要是那样的话可不好了。"

"你们是不是把儿子当大人一样看待了？"

"您如果指作为平等的人格的意思的话，那的确是……"

"那些在家里感受到足够的爱的孩子，来到我这里后，也会过来抱抱老师的哦。"

前文提到过，就像这位老师在此时所说的一样，经常有人说父母（而且是母亲）给予孩子的爱不足是引起孩子产生问题行为的原因。因为我每天接送孩子去保育园，经常有人问我"你们是父子家庭（不知道这个用词是否有问题）吗?"那真正是只和父亲一起生活的孩子，得不到来自母亲的足够的爱，就真的会出现问题吗？当然，这时来自母亲的爱并不是不足，而是用"没有"来形容更贴切吧。

诚然，因为弟弟或者妹妹的出生，对于老大来说心里肯定会有所震动。一直以来都是自己独自享受着父母的爱，突然间，父母的关心就转移到了弟弟或妹妹的身上了。时间也好精力也好肯定都会被占据了。为此就像保育园老师分析的一样，儿子此时处于一种身心不稳定的状态也是能想象到的。但我并不认为所有处于这种情况的孩子都会产生问题。

妹妹出生时，妻子和她住院了一个星期，因为被告知不许带孩子来医院，儿子有一段时间没有和母亲相处。出院后也是我尽量和儿子多待在一起，妹妹出生的时候是三月底，在五月份的黄金周假期我们两个人还一起到处去游玩。我与儿子共同度过的这些时光仍历历在目，然而老师还是说我给孩子的爱不足，对此我感到非常遗憾。

将孩子问题行为的原因归咎于婴儿时期的母子关系、说亲肤接触不够，假设这真的是孩子产生问题行为的原因，如果没有时光机器，那孩子身上出现的问题行为就真的无药可救了吗？有人建议小学生或者中学生的家长，"再像从婴儿时期开始一样，多抱抱孩子，和孩子一起入睡"等。如果这真的能解决问题，那这绝对称得上是魔法了。

凭"武力"解决

认为给予孩子的爱不足是引起孩子问题行为的原因的人，会给出多抱抱孩子等建议，也有很多人建议通过"武力"解决。在有一年的开学典礼（必须每年都要参加）上老师说了这样的话。

"每年都会反复强调，嘴都说酸了，还是有两点大家不能严格遵守。其一，9点入园。大家不遵守的话园方会很为难，因为我们必须提前订好园餐的份数。如果迟到的孩子只是一位或者两位那还好说，一旦迟到的孩子人数过多的话，后面我们没有办法调整园餐，所以很难办。其二，迟到的孩子也玩不好。每天在互致问候的时间（大概在每天早上的 9 点半）来的话，会觉得害羞不好意思入座，还有可能会被其他的孩子嘲笑'来的可真晚啊'。比如当天如果预计早上 9 点 50 去登西山（孩子经常去爬的山），但是因为这个迟到的孩子要做准备，大家都不得不等着。也有家长跟我说，孩子都 9 点了还坐在电视机前看电视所以迟到了，真要是初中生或者高中生还情有可原，保育园的小孩子你们可以直接拖到学校来。孩子迟到就是父母的责任。"

老师说"凭武力"带孩子来保育园以防止迟到，但是像我这样骑自行车接送的情况，是办不到的。我常想如果是开车送孩子入园，哪怕孩子哭也好，大叫也好，只要把孩子抱到车上就万事大吉了。但我是骑自行车，儿子经常在后座上闹着抵抗入园，将半个身子探出去，我甚至还曾经把自行车停在路边，走着送他过去。听了老师的话，很明显迟到的不是一两个孩子。但这时浮现在我头脑中的却是一个特定的孩子。因为老师告诉家长"请录下这个孩子的视频"，所以我知道这是一个经常迟到的孩子。

家长会的那天晚上，儿子说希望我把老师说的全都如实地告诉他。现在回过头来看当时的情景，我觉得儿子应该是知道老师在家长会时都说了什么的，所以当时真应该如实全部告诉他的。但是当时我并没有。我认为就自己在保育园的行为，应该由他自己给出答案。

"嗯，说你做体操的时候不太到位。"

"……那是因为老师并没有好好注意我。"

儿子到底是想要说些什么呢？

不写作业了

小学二年级的时候，儿子有一段时间突然不写家庭作业了，回到家后也没见他有打开书包的想法。在五月份的家访时老师也主要反映了这件事情。班主任说特别想要了解他在家的状态，另外，需要我们指导他写作业，并且盯着他把作业做完。但是我拒绝了。后面我会讲我拒绝的理由。

我跟老师讲了家访之前，我去参观教学现场时候的事。黑板上写着"×月×日××（儿子的名字）算数"，在下面写着" ×月×日××国语"。从上至下基本都是儿子的名字，偶见其他孩子的名字混杂于其间。

"前一阵我去参观教学时，发现黑板上写着很多我儿子的名字，那是什么原因呢？"

"哦，那是为了防止我忘记而写的。因为忘记作业的情况很多，谁忘记了交哪个科目的作业了，我也记不住，所以写在了黑板上……"

甚至不需要细想，我就意识到如果老师真的是为了防止自己忘记的话，完全是可以记录在自己的笔记本里的。尽管如此老师还是写在了黑板上，这到底是怎么回事呢？

对于这些我没有必要和老师说什么。第二天听说老师找他谈话了，然后一直不写作业的儿子，居然开始打开书包写作业了。

吸引关注

到底都发生了什么呢？老师说了些什么，做了些什么呢？儿子突然不做作业的这件事应该如何理解呢？另外，儿子在保育园不听老师的话又该如何理解呢？

　　我不认为将其归结到性格问题，或者家庭问题能更好地解决问题。改变性格这件事情，即使并非不可能做到，也绝非易事。要是说改变家庭背景（比如母亲辞职在家带孩子），每个家庭都有每个家庭特殊的情况，也是几乎不可能的。我对他的小学老师这样说道：

　　"老师，您对此是怎么认为的呢？我觉得对于我儿子不写作业这件事情，老师实际上是束手无策的吧。"

　　儿子不听话时保育园的老师是什么感受呢？就这一点我咨询了保育园的老师。

　　"在那个时候，老师是什么感受呢？"

　　"心情很烦躁。"

　　"然后呢？"

　　"会批评他。问他'你会好好听我说话吗？'那些好好听我说话的孩子会来我跟前并且坐下，只有几个孩子坐在教室的角落，非常显眼。如果是偶尔还可以理解，但是这几个孩子是经常这样。已经入园很长时间了，还没有学会注意力集中。我作为老师不能睁一只眼闭一只眼。"

儿子其实给出了提示，他说老师没有很好地关注他。的确像老师说的，他也可能没有好好听老师的话，但是我觉得他不会"经常"不好好听老师的话。

有一天吃晚饭时儿子跟我讲了这样一件事。这还是他上保育园的时候，有一天园里举办生日聚会，结束后大家一起去附近的公园玩。据儿子所说："我们都早就准备好了，到要出发的时候还有人没做好准备，最后我们也没能去成公园。"

"让准备好的人先去，后面没准备好的留下来不就好了吗？"

"嗯，老师说了，既然你们这么不好好听话，那就干脆别去了，留在班里看家吧。"

刚才老师说的不听老师的话的情况中，有些孩子是属于"没有好好准备好"的，那应该如何看待这些孩子的行为呢？

我认为可以这样考虑。人是无法独自生活在这个世界上的，而是和他人一起生活在世上的。日语中有"人间"（人类、社会的意思）这一词语，每一个单独的人是无法成为人间的，有了他人才有了人间。

无论是通过孩子，还是透过自己都能想到一个现象：我们在不同的人的面前，或者在不同的场合，性格会发生微妙的变化。在外面懦弱，在家里逞威风，我们称为"窝里横"，这样的孩子应该是知道自己和别人之间都处于什么样的关系之中的。

我们做些什么，说些什么一般都有对象。阿德勒称言行举止的受者为"配角"，一般这个对象都会有所回应，没有回应的情况很少吧。

如果真的没有回应，有人就会觉得自己被无视了。不能从别人那里得到关注，会威胁人的存在价值。如果是和家人在一起生活的人，回到家时说"我回来了"，如果没有人予以回应，被无视的话会怎么样呢？有一种可能是会更大声地说话。

如果从这种视角来看的话，孩子做出一些在大人看起来很头疼的事，其实有可能是为了吸引更多的关注。比如恶作剧等，做出一些周围人无法坐视不管的事来。有弟弟、妹妹后，本来已经能够自己独自完成的事情却突然做不了了，这种现象的出现也是同理。比如本来已经能很好地如厕了却开始失败了，晚上也无法一个人入睡了，这些都是哥哥或者姐姐在尝试夺回自己的王座。要吸引父母的关注，越是让父母头疼，对于孩子而言就越有成效。有一对夫妇都是小学老师，他们的孩子在临近暑假前的一天发高烧了。这个时候因为父母要给学生们写通知书所以特别忙碌，作为父母来讲，肯定是希望这样的事晚几天发生，但是对于孩子来讲，晚了就没有意义了。因为孩子要在父母最头疼的时机做出令父母最头疼的事，以此来吸引父母的关注点到自己的身上来。

那些早上去保育园会迟到的孩子，之前我们曾说过他们"会觉得不好意思"，不过有的孩子迟到了，并不是快速地走到自己的座位，而是在存放自己物品的橱柜前磨磨蹭蹭，这样的孩子应该是知道通过这样的方式能够吸引老师和其他朋友的关注吧。

在儿子4岁时如果不听话，保育园的老师会批评他。小学的老师则尝试通过公开在黑板上写名字的方式来督促他写作业。无论哪种处理方式都达成了儿子吸引关注的目的，无论是不听话，还是不写作业的行为，都没有因为这些处理方式而停止，反而促使这些行为更加持久了。在入园仪式上保育园老师说她就这些问题明明一直苦口婆心地告诉孩子不能这么做，甚至会批评孩子，然而收效甚微。

当然做这些事情对于孩子来说也并非乐在其中。我们必须要想一想，父母应该如何行动，才能让孩子不需要这么做呢？

在此我们需要明确一下，这种期待别人的反应，一直希望被关注的心态也并不值得推崇。后面我会提出这个问题，就是父母不可能永远围着一个孩子转，还要照顾其他的孩子，或者还要出去工作。尽管如此，有的孩子却一直不想离开父母，想要独占父母。孩子通过让父母为难、烦恼的方式来吸引关注，而父母则可以通

过适合的方法来关注孩子（接下来会介绍合适的方法），这样孩子
就不会继续故意做出让父母困扰的行为了。为此父母非常有必要
学习这种方法。学会了恰当的方法后，孩子哪怕不能受到父母的
格外关注，也能心平气和了。故意吸引关注的孩子，明明得到了
充分的爱，却总希望得到更多的爱，情感饥渴，阿德勒称这些孩
子为"惯坏了的孩子"。

站在孩子的角度看确实有时会觉得没有得到应有的关注，但是
作为大人来讲，其实一定不会有意地无视孩子，而是想要关注孩
子的。儿子肯定也曾经安静地听老师说话，只不过这个时候老师
并没有注意到。儿子经常说："那是因为老师并没有好好关注我。"
他安安静静地听话的时候没有被注意到，所以他想要通过做些什
么来吸引老师的注意。现在这么看的话，儿子所做的倒也无可厚
非，是理所当然的了。

另外，儿子通过不写家庭作业，成功地获得了老师以及同学们
的关注。老师给予的关注是将他的名字写在黑板上，同学们则是
将儿子视为英雄。我也忘了交作业，但是并没有像他那样，因为
他有那么多没交的作业……可能看到如此频繁不交作业的儿子，
他的同学们也开始认为不交作业也不是什么大不了的事了。在这
样的情境下，也就是被关注的情境下，儿子是选择不做作业呢，
还是会选择交作业呢？当然他选择了不做作业，因为他判断这对

他来说是有益处的。

在儿子与老师的关系中，他决心不做作业了，如前所见，我们可以认为这种想法的产生是与老师有关系的。将孩子的问题行为归咎于性格和家庭环境，从结论来讲，不过就是给自己免责，希望他人来解决问题。

在学校里，孩子要做一些在大人看来有问题的行为时，需要考虑行为的对象角色，并且必须考虑做出这种行为的"场所"。在保育园的儿子的行为明显是以保育园老师为对象，行为的场所是在保育园。因此，保育园老师希望父母来采取措施也是徒劳无益的。这么说保育园老师应该想不到吧，行为针对的对象是老师自己、场所不是家里而是在保育园（学校），只有从这个角度看待问题，才能有效处理孩子的问题行为。如果认为是家庭的问题，甚至追溯孩子的生长养育的历史，其实也是无计可施的。在学校孩子出现问题时，老师会请求家长的协助。因为他们认为在学校里和家里孩子的表现是同样的。我们无法改变过去，只能把握住现在，去寻求自己能做的，比如寻求自己与孩子的关系的改善。和老师比起来，可以说孩子的家长对此会更有感触。比如孩子晚上很晚不睡觉，父母肯定不会认为是因为在学校老师在孩子的应对上出的问题。

像这样，我们理解了孩子在学校所做行为的对象是老师，就会发现，说家庭给予孩子的爱不够，与孩子在学校产生问题行为之间至少是没有直接联系的，这种看法既符合逻辑，同时又可以在人际关系的框架中看待孩子的行为，并能找到处理应对的方法。

我们常常能听到保育园的孩子在父母送入园后要离开时，哭得特别激烈伤心，但是父母离开后马上就停止哭泣。这也是四月初（日本的新学期）常见的光景。也有的孩子甚至会连续三个月在每天早上都哭，但是这种情况真的很少见了。

女儿刚满 2 岁的时候，每天送她到保育园的时候都会大哭。早上起床的时候心情很好，起床时妈妈出门上班也能心平气和，坐在自行车后座上也心情不错，但是只要到了保育园的门口就会开始哭起来，每天都如此。但当女儿见到隔壁两个班的老师，其中一位前一年是女儿的班主任，她就会停下来不哭了。"她这样哭的时候，不要太关注她，等她心情好了再来和她交流就可以的。"（我这么和老师说的理由会在后文中说明。）老师回复我说："现在孩子处于这样不安定的时期，一定要多多抱抱她才行。"所谓的不安定的时期，具体是指班级和老师、朋友们发生改变，还是指离开妈妈来上保育园，我也无法界定。但是女儿 2 岁了面临着和以往完全不同的状况的确是真的。

就孩子入园时在父母面前哭闹，父母一离开就会停下来不哭这件事，在老师来家访时我曾和老师探讨。老师说她发现当孩子在哭的时候，实际上会通过捂住脸的手指缝默默观察老师的样子。当时儿子2岁多的时候，保育园的沟通手册上也写着："有时候会在哭的时候，轻轻睁开眼睛去观察老师的样子。是个十分聪明的宝宝。"

那年四月份，女儿满1岁了，即将送入保育园，当时发生了一件事情。在入园仪式的前几天，女儿得了水痘。一旦得了水痘，出疹子完全结束前是不能入园的，最终也没能参加入园仪式。而到了她能入园的日子，亲子适应体验期也已经结束，正是长时间托管开始的那一天。早上7点半我送女儿去保育园，并且对老师说："今后还请多多关照，我晚上7点过来接孩子。"这位老师满脸困惑不解的表情。当然也有可能是在责备当父母的没有常识吧，居然让孩子在第一天入园就待这么长时间。所以我想应该跟老师提前说明一下：

"估计我女儿看我离开可能会哭吧，但是会在30秒内停止的。"

那天晚上去保育园接女儿的时候，早上说话的老师从办公室出来了。

"她的确哭了。但是和爸爸说的不一样……我测量了时间……哭了20秒就停下了。"

我认为这不是偶然说中的事情。如果自己站在女儿的立场会有什么感受呢？请自己想象一下。找不到爸爸了，所以开始哭了起来。当然，她本来想的是眼前的这个人（女儿应该还不知道这个人是保育园的老师吧）一定会在她哭的时候来照顾她的。可是谁能想到，这个人不仅没有看她，反而看着时钟……如果老师做出今天是第一天入园的架势，那就太可怜了，女儿一定会一直哭下去吧。但是已经理解了自己所处情境的女儿，发现即使哭，老师也不闻不问之后，她就改变了方针，停止哭泣，然后老师也停止看时钟了。"哎呀，20 秒!"老师说着开始把视线投向了女儿。我可不能忘记抱我起来的这个人……女儿可能内心会这么想吧。

我曾经在报纸上看到一位初次担任 4 岁孩子的保育园老师的投稿。内容大概是：那一天有一个小朋友先开始哭，后来引发了连锁反应，其他的孩子也跟着一起哭了起来，这时候我才是最想哭的，孩子就应该和妈妈一直在一起。其实孩子哭跟这个没有关系。

第三章

停止训斥孩子

关于训斥

前文中我们已经明确了孩子为何会做出大人看来有问题的行为。孩子通过让大人困扰，来吸引关注。我前面也有提醒各位读者，其实吸引大人关注这件事并不是理所当然的。实际上，孩子哭也好，或者通过做一些会被训斥的行为来吸引注意也罢，不论是安慰他还是训斥他，孩子都会一直哭得更厉害，这让父母很为难。我们来想想此时应该怎么和孩子交流沟通呢？在本章和下一章的内容中我会来分析传统育儿和教育方法中的问题，并在第五章提出取而代之的方法。

话说孩子能够遵照父母的想法，非常听父母的话诚然很好，但是父母与子女之间有不同的想法其实也是理所当然的，子女全盘接受父母所说的，我觉得很不妥。也有人觉得根本没有完全顺从于父母的孩子，我见过很多孩子不会顶撞父母，即使觉得父母的想法奇怪，也不会因此和父母争执，而是会去迎合父母的想法。即使告诉他们：讨厌的话就直接说出来就好了。但是孩子要做出改变是很难的，因为这已经成为他们日积月累的本能反应了。

不能和父母说出自己真实想法的原因，一是在于父母太可怕了，另一个原因在于按照父母的想法去做的话，哪怕出现问题了，父母也会努力试图承担责任的。

可能更多的孩子和这样顺从父母的孩子不同，而是更加积极的。更多的父母也是想着让孩子按照自己的想法去做也未尝不可，同时又没有放弃孩子遵照父母的想法的希望。子女与父母之间的相处方式之所以会有所不同，有孩子的原因，但是共通的点在于父母应对孩子的方式。那些唯父母之命是从的孩子也不是生来就这样。共通的点在于，无论是哪种孩子，在不按照父母的想法行动的时候，都是会被父母训斥的。不同孩子对于父母的训斥的反应也不同。

父母和子女的想法有所不同，孩子不按照父母的想法去行动，这些都不是问题。如果你的父母在你小的时候这样要求你，你是不是也会反抗呢？哪怕双方的想法不同，如何调整、整合不同的想法是很重要的。我们希望孩子学会这种调整方法，然而大人们却并不知道这种方法。

为此，在孩子不听话时，大人就会训斥孩子。要达成自己所愿，音量还特别大。的确，训斥的效果是立竿见影的。孩子害怕被训斥，所以会立刻停止问题行为。但很遗憾，这个方法并不会如父母想象的一样有效果。之所以这么说，是因为很多时候孩子后面还会重复来做同样的行为。如果训斥真的有效，只要被批评一次了，孩子应该不会再次去做父母认为有问题的行为了。尽管如此，同样的错误一直再犯，父母也因此一再训斥孩子，如果是这样的话，就不能说是父母管教的不够了，也就是说哪怕再怎么训斥孩子也不会停止自己的问题行为，训斥这一方法本身就是值得商榷的，这样想才更符合逻辑。

假设批评孩子后，孩子真的改正了错误，会发生什么呢？一定会有人想这对于父母来说可是好事，但是孩子则可能一想到这一行为是被父母强制改正的，总有一天又会做出其他的会被父母责备的行为。

如果孩子真的还很小，那他不知道自己的行为是不对的，也是情有可原的。曾经我学会了放大镜的用法，当然，最开始知道放大镜能够将小东西放大，看到肉眼看不见的东西时，我特别特别开心。但自从我知道了用放大镜聚焦黑色蜡笔涂过的纸，可以将其点燃后，我就开始了超出常规的玩法。有一次我突然想到，蚂蚁本来就是黑色啊。读者应该能想象到我接下来做了什么吧，我当时真的没有意识到用放大镜烧蚂蚁是不对的。当然虽然母亲没有训斥我，但是她和我说，蚂蚁也是有自己的爸爸和妈妈的，如果太阳下山了还不回家，肯定会十分担心它。听了这句话我就下定决心以后不会再这么做了。

特别小的宝宝应该还不知道突然闯到马路上会被车碰到，也不知道在地铁上喧哗会给他人带来麻烦吧。再说一个我小时候的记忆，有一次我在地铁上大声地唱歌，我记得当时周围的人没有制止我，当我突然意识到这一点的时候，觉得特别尴尬。从那以后就再也没有在地铁上唱歌了。

但是孩子被批评的时候，他一定知道自己的行为是有问题的。孩子知道自己的行为会被父母批评。在这样的前提下，他们反而故意去做会被批评的行为。他们这样做的时候，是他们深以为不做出被批评的行为，就不会被父母关注。实际上，如果孩子只做出适宜的行为，父母会认为这是理所当然的，并不会特别关注。这时候孩子就会做出令父母最困扰的行为，但如果所做行为不能令父母困扰，则得不到父母的关注，那么做这样的行为是没有意义的。这样的孩子一旦开始被批评，可能接下来也会一直被批评。

当然，如果父母真的十分严苛，那孩子应该也会停止这种明知故犯的行为吧。但这又会催生出其他的问题。

孩子被批评责备后，即使知道自己的行为是不正确的，但如果不知道如何做才是正确的做法的话，也无法采取正确的行动。

比如，在和孩子一起遇到朋友的时候，朋友和孩子打招呼，而孩子因为害羞转过头去，然后扭扭捏捏地回了句"您好"，这可不是父母所期待的打招呼的方式。过后父母责怪孩子"为什么不好好打招呼，真拿你没办法，真丢人"，即使孩子知道了自己打招呼的方式不对，但是应该怎么做才好呢？如果父母不教孩子应该怎么说，那下次大概率还会发生同样的情况。再说哪怕孩子问父母这时候应该怎么应对，可能父母也只是怒气冲天地回答"那可是常识！"

还有一种情况，孩子知道自己的行为会被大人批评，也知晓应该采取的适宜的行为，但是他们坚信即使采取了适宜的做法也不会得到满意的结果。如果这里所说的"满意的结果"指的是得到父母的关注的话，那的确可能很难实现。比如，孩子决心打扫起居室。假设孩子这么做的目的是希望得到父母的夸奖，然而，父母并没有发现孩子打扫了起居室。那么，孩子会有什么样的反应呢？这会让孩子意识到即使采取了适宜的行为，也不一定会得到父母的关注。这样的话，下次要吸引父母的关注，孩子不仅不会收拾、打扫房间，相反的，孩子会把自己的物品从自己的房间里拿出来，到处乱放。这样孩子就会达成所愿，被父母训斥，比如"把房间收拾干净""你都不会打扫一下吗！"等。孩子尽管不想被批评，但是会想被批评总比被无视好。就这样，孩子故意持续做出会被批评的错误行为。

还会出现这样的情况：孩子磨人不听话，哭，或者想要什么东西，可能是点心、玩具等。这时父母一般不会立刻满足孩子的要求，甚至会忘记周围还有别人，开始训斥孩子。这是在超市里经常能够看到的场景。看起来父母意志坚定，不会对孩子言听计从。但是结局一般都会买了孩子想要的东西。这样的话，孩子就会认为通过磨人、哭闹的方式就会达成自己的目的，当然会想以后也采用同样的方式。如果是我的话，既然最终会答应孩子的要求，不如从一开始就和颜悦色地满足孩子的要求。但是一定有人不想这样，到底该怎么办才好呢？

从保育园回家的途中，我会和孩子一起去路过的超市采购晚餐。和孩子一起去超市时会发生什么，这一点很容易想象到，所以我也想尽量自己去，不过现实情况又不允许。孩子哭闹的目的很明确。只要哭闹父母就会给其买想要的点心或者玩具，所以哭闹的目的就是要得到自己想要的。一般情况下，孩子都能达成所愿。父母忍受不住孩子的歇斯底里的哭声和周围人的眼光，于是妥协，接受孩子的要求。不过父母才不会对孩子的要求"秒接受"。

站在父母的立场来看一看吧。假设父母答应孩子的要求，连续买一个月的点心，也不会对家里经济情况有所影响。父母不接受的是情绪。在孩子哭的时候，我会这样和孩子说。

"你不用这么哭，请用语言告诉我好吗？"

孩子听后马上停止了哭泣。

"那个点心，如果买给我，我会特别开心。"

在这里，父母也好，孩子也好，都在"拜托""请求"对方。虽然本章内容在讨论训斥，但我写这些的目的在于希望各位读者能够明白，如果能够"拜托"孩子，就不再需要"训斥"了。

儿子3岁时，同班的一个小朋友跟老师说："抹布！"儿子制止他说："你只说抹布，别人怎么会懂你的意思呢？你要说'如果你把抹布递给我，我会很开心的'。"第二天保育园老师很惊讶地告诉我这件事的经过，我和老师说："这孩子是不是能够很好地提出请求了"，老师也深以为然。

"可以帮我……吗？""如果可以帮我……的话，我会非常开心"……这样的说法就是拜托。"给……"这样的说法属于命令，当然"请给……""请这样给……"这种比较柔和的说法也是命令。命令与拜托的区别在于对方是否有说"不"的余地。如果对方没有说"不"的余地，那不管使用什么样的说法，都属于命令。

使用疑问句、假设句的方式，其实比命令的方式更容易让人接受。很多情况下，和拜托的内容本身比起来，更令人不悦的是说话的方式。对方被命令后无法拒绝，情绪上就会有所逆反。如果对方答应了请求，一定不要忘记说"谢谢"。如果被拒绝……那就作罢吧！"把银行存折给我吧""把房屋产权给我吧"……如果是这样的请求的确让人太过为难，当然会被断然拒绝。一般情况下，如果是在可以接受的范围内对方一般会接受，而如果请求被拒绝了也平和地接受，这样持续下去。在这个过程中，你会发现拜托他做一些事情时，他也会听了，拒绝他的要求时，他也会淡然接受了，应该是这样的……

假设父母可以毫不在意地对孩子使用粗鲁、随意的语言，其实是因为觉得自己是在孩子之上的。面对自己内心爱着的、尊重的人，一定不会说出粗鲁的话。当然，并不是所有的对话中都要使用敬语，那样太过于客气，但至少在提出请求时，不要使用命令的词语，而是能够说"可以帮助我……吗？""如果能够帮助我……就帮我大忙了"，类似于这样的话。如果觉得凭什么对孩子说话要用这样的语气，那说明你并没有将孩子视为平等的个体。后文中我会写关于孩子与大人是平等的这一点，读到这里有人可能会觉得很惊讶吧。但是希望你能明白，你之所以会训斥孩子，是因为在你内心深处认为孩子是位居你之下的。

被训斥后会发生什么

如前所述，孩子不停止在父母看来有问题的行为，父母也一直批评孩子。我们来思考一下，一直这样批评孩子的话，孩子到底会怎么样呢？

首先，孩子会开始察言观色，看父母的脸色。父母真的十分严苛地批评的话，孩子可能会停止被家长批评的行为，但一定不会积极主动地去做出适宜的正确行为。最终，不仅会看父母的脸色，还会对他人察言观色，无法按照自己的判断采取行动。

这种情况在学校和家庭中都可能发生。假设经常授课的老师特别吓人，他上课的时候学生们没有人窃窃私语，都是挺直腰背目不转睛地听他的话。然而有一天这位老师因为身体状况欠佳或者是有私事，请假休息了。早上，另外一位老师来到了他们的教室。这位老师不会大声地批评学生，而学生们也都知道这一点。和那位吓人的老师在的时候不同，整个班级如同一盘散沙。之所以会出现这样的现象，其实并不是因为这位老师能力不足，实际上是因为学生们平时接触的老师，一直用强力在压抑着他们，他们学会了察言观色，一旦明白了面前的人不会用强力压制他们，就会轻视这样的大人。

我曾经听过有的保育园的老师用竹剑管教孩子。父母当然都是在知晓这一管教方式的前提下把孩子托管在此的，所以他们也不会就此事抱怨什么。在竹剑下管教出来的孩子在步入小学后，老师的手里肯定没有竹剑了，我认为孩子看到老师的手里没有竹剑后，可能就不会那么安静了吧。

也许有人会说，如果不批评孩子的话，他们就会蹬鼻子上脸，得意忘形起来。其实当你一旦停止批评孩子，停止烦冗地说教后，你应该会发现孩子惊人的变化。但孩子却会想怎么会这样呢，那些苦口婆心不断说教的父母不可能会这么和善，这样笑对我们一定是有什么企图，对于大人的变化，他们会持迟疑的态度来观望。

然后，在某一天，孩子会试探父母。他们会做出一定会激怒父母的行为，然后父母又一次大声训斥，这时候孩子一定会想，"果然如此"。

在家里还经常会出现这样的情景。孩子的态度十分恶劣，母亲和孩子讲：

"等你爸回来了，让他好好收拾你。"

听了这话的孩子其实心里很明白,这位母亲没有自己处理问题的能力,所以才会寻求父亲的帮助。

另外,家庭也好,学校也好,能够觉得"待在这里也挺好的",这不仅仅是孩子,也是所有人都期望的。被责骂的一方会觉得这里没有我的容身之地,也不会喜欢责骂自己的人。这样一来,训斥孩子的父母和孩子之间的心理距离就变远了。如果亲子关系不亲近,父母则无法为子女提供帮助,因为哪怕父母说的是对的,子女也会默默下定决心不听从父母的话。因为责骂,让亲子关系疏远,同时,造成父母无法给孩子提供帮助。有人也许会说责骂后再和孩子道歉不就好了,不过与其事后道歉,不如开始就不要责骂孩子。

我小的时候有且仅有一次被父亲打的经历。当然实际上父亲并没有动手打我,只是大声责骂我了,但在我的记忆中是被父亲打了。父亲估计早已忘了这件事情,而且一向性格温和的父亲如此动怒,肯定是我说了或者是做了很过分的事。事到如今,我绝对没有因为这件事责怪父亲的意思,但很遗憾的是,那件事情之后,我和父亲之间的关系感觉疏远了,这是真真切切的。

严格来讲,并不是因为发生了这件事我才感到与父亲之间的距离变远了,而是因为和父亲之间不亲密,所以尽管时光荏苒,还是会模糊地记起这样的往事,在此希望大家理解责骂真的会让人与人之间的关系疏远。

为人父母，见到孩子遇到困难一定是想要帮助孩子的。实际上也是，在孩子小的时候，如果没有父母的帮助，孩子一个人是无法生存的。但是要给孩子提供帮助，必须和孩子之间保持亲密的关系。关系一旦疏远则无法帮助孩子。例如，父母注意到孩子出现了错误，孩子却并不会听取父母的话语。

在孩子看来，父母所说的大体都是正确的，在很多情况下父母说的都不错。但是如果孩子和父母之间关系不好，父母说的越是正确，孩子内心越是不想接受。这样的话，父母即使想要帮助孩子也帮助不了。

就像这样，训斥孩子令亲子关系恶化，至少会让父母与子女之间的距离疏远。那到底有没有孩子会认为父母训斥他是一件好事呢？

我并不认为会有这样的孩子。曾经有一位横纲选手（日本相扑运动的最高级别）在他从力士升级为大关的时候，在采访中提到："我能有今天的成绩，多亏拿着竹剑敲打我的师父。"我认为与其说他是因为被竹剑敲打而增长了能力，不如说是哪怕遭遇了被竹剑敲打，他仍然增长了能力，恐怕这才是真的。

如果父母十分严苛，孩子不会积极地反抗。这就会出现下面的问题，即孩子表面上不会顶撞父母，但会在背后做出让父母说不上生气，但是又会心情不舒畅的行为。有的孩子在被父母打时，心里默默地想"这件事情我永远不会忘记"，并伺机复仇。这样的话，亲子关系的修复则变得异常艰难。

孩子开始在父母看不到的地方做出问题行为，觉得只要不被发现就好，只要不被责骂就好，这是很令父母头疼的。只要不被责骂就好、只要不被发现就好……但是哪能不被发现呢。我经常会在电视上看到企业或者政府出现问题后，负责人低头谢罪的情景，我内心是真真切切不想看到我们的孩子以后也这样。

此外，还有一些孩子，他们做好孩子的原因是害怕被父母责骂。这些孩子的确不会做出不良行为，但是也不会积极主动地思考采取正确的举动。因为害怕失败了会被父母责骂。我希望孩子能够自己积极地思考去采取行动，哪怕有时候会用力过猛。希望孩子成为有大格局的人。如前所见，责骂并不会让未来的"花儿"们美丽绽放。

如果需要做出改善，你会发现教导积极的孩子不去做什么，远比教导那些没有自己思考的消极的孩子变积极更容易。要改变能量的传递方向是容易的，但是要激发出能量则是很麻烦的。

综上所述，我力劝家长们不要训斥孩子，但这绝不是放任的意思。有些人武断地认为，不责骂孩子就是放任孩子，本书中所写的育儿方式，严格得会让那些觉得孩子必须被责骂的人震撼。这句话的意思相信看到后面你会理解。

我在此所说的不责骂，并非是当孩子给别人造成困扰的时候也什么都不说。对于孩子这样的行为必须给他提醒，但是我希望你能明白，在责骂孩子之前，你还有很多能做的。如前文所述，孩子为了吸引父母的关注故意做出被批评的行为来，这样，父母的责骂会令孩子的不良行为越来越多。如果可以不用责骂孩子，每天的生活该是多么美好啊。其实说到底孩子也不想被责骂。接下来我们来一点点地分析应该如何从责骂孩子所必需的"洪荒之力"中解放出来。

关于批评

和训斥孩子并列的是父母批评孩子的问题。虽然没有责骂、惩罚孩子的打算，但父母指出孩子的不足和失败的部分，就是批评。

孩子无论是知识还是经验都不足，从这个角度来看，父母想要引导孩子也是理所当然的，但对孩子的行为、思考的不足之处进行补充、提醒或者指示，有时候孩子会认为那是来自大人的批评。大人的本意是教给孩子不懂的地方，但有时候却无法淡然处之，怒气冲冲的。面对要晾衣服的孩子，大人会说要先抻平整了再晾；太脏的衣服必须先手洗之后才能放进洗衣机里；面对饭后要洗餐具的孩子说洗涤灵可不是这么用的；面对打扫了卫生的孩子，说打扫的还不错，但是房间的各个角落还都有灰尘呢……批评一旦开始就无尽头了。这样夹杂了情绪在里面之后，批评和训斥也别无二致了。

孩子感到自己被批评后，或者会认为大人不能理解自己，或者想既然会被批评，那就干脆什么都不做了。被训斥的孩子也是一样，会变得消极起来。也许有人认为父母希望孩子尽量不要失败是人之常情，也有人会想孩子帮忙反而让事情变得更麻烦。然而如果本意是要教会孩子不足的地方，却引发了孩子对父母的反抗或者消极情绪，那真是得不偿失。如果失败了，就让孩子从失败中总结经验、学习进步，如果没有失败的话，那就可以说没有继续学习什么的必要了。

当孩子长大后，父母每日目睹孩子这样，抑或是那样的行为，应该会和孩子小时候一样，不断给予批评吧。有时候孩子说想要做什么，或者不做什么了的时候，父母也会批评孩子的选择。比如孩子说想养只小狗，想养一只小猫……此时，家长可能会列举出孩子过往的"罪行"，批评孩子从小到大无论做什么事情都没有坚持到底过。想要不去兴趣班、甚至是不去学校的时候也是一样，父母可能觉得自己是出于善意给孩子提出建议，孩子应该顺应父母的期待，但有时又会把自己的价值观强加给孩子。父母告诉孩子，希望孩子成为一个"普通"的孩子，但是如果你问父母何为普通，他们会回答说高中毕业可不行，希望孩子能够大学毕业等，类似这样，你会发现父母要求孩子达到的水准非常高。父母会说"都是为了你好"，但是希望父母想一想这一切真的都是为了孩子好吗？或许是为了自己吧。父母可能会觉得这样有失体统，但这样的话，还不如干脆跟孩子说，说这些不是为了孩子，而是为了自己。后文中会介绍，关于孩子的事情，面对何种事情，以何种手续，父母进行介入。在这里，希望各位能够了解，将父母的价值观以"为了你好"的词汇强加给孩子，孩子对此如果很敏感并且能够察觉到其不合理性的话，说明孩子已经以某种形式在反抗了。

如果是消极的孩子，会全盘接受大人的批评，感觉自己没有价值，无能。预先阻止孩子的失败，无疑将孩子成长的花蕾给掐掉了，我真的不认为这是上策。

距离的问题

愤怒这种情绪会导致人与人之间疏远。孩子被责骂后，会和父母之间更亲近，这一定是某个人的空想。就像从反面看望远镜一样，站在孩子的角度来看，父母虽然近在眼前，内心却觉得和父母之间的距离十分疏远了。

孩子如果有了这样的感受，亲子关系变得疏远后，在必要时真的无法给孩子提供帮助。

我的母亲在49岁时去世了。我几乎没见过她生病，只听过她在我出生前得过肋膜炎。呼吸的时候会产生剧痛，有一段时间连饭都吃不下去。但是在知道怀了我的时候，一想到这可不是生病的时候，竟然马上病好了。

在那之后，与医院无缘的母亲，竟然年纪轻轻就去世了。我记得那天母亲突然因脑梗死倒下入院了，我当时还是在校学生，每周有五天时间都住在医院护理母亲。说是护理，其实也没有这个意识，实际上就是洗洗衣服，打打下手，也没做什么其他的。

母亲去世后的很长一段时间，父亲一个人在横滨生活。每次回到家乡来都会去母亲的墓前参拜。有一次父亲和我以及我的儿子一起去给母亲扫墓，也就是祖孙三代一起。在寺院中穿行的途中，展现了两组完全不同的亲子关系。我的儿子丝毫不害怕我，和我谈天说地，而我一直以来都惧怕我的父亲，所以会尽量避开他。我们之间没有争吵（实际上我和父亲之间吵过架，甚至包含说过粗鲁的话，仅有一次），当然，所有的人生大事我也没有过想要和他商量的想法。

其实我都不知道该怎么称呼父亲，（"父亲""父亲大人"……）可能我都没有主动去叫过父亲。在我小的时候，我鼓起勇气去叫"爸爸"，被他批评说"你这样叫我像个孩子，别这么叫了"，在那之后我就没有叫过他了。我很困惑，因为我明明就是个孩子啊，不知道该怎么称呼他了。我儿子叫我的时候就像是在叫一个朋友一样……

曾经有人指出我在和别人交往时会保持一定的距离，其实我和我父亲之间保持的距离最远。我一直很恐惧，觉得和父亲两个人单独相处时，一定会被说教。

尽管如此，岁月让父亲失去了棱角，偶尔回家也不会像以前那样说教了。我也不用以前和父亲的相处方式，而是像和其他老人聊天一样和父亲聊天，感觉无可救药的父子之间的距离也被拉近了一些。年老的父亲现在已经生活不能自理，并且也忘记了包括与我之间发生的很多过去的事，我很庆幸在父亲变成这样之前和他修复了关系。

有一次我和这样的父亲吵架了。当时父亲信奉一种宗教，并且极力推荐给我。我并不全面否定宗教，而且最开始也并没有采取置若罔闻的态度，所以和父亲围绕这个宗教进行了很多探讨，我也深入了解了这一宗教的教义。但是我并不认同这一宗教。

那时父亲异常的强势，在我传达给父亲不认同的意思时，他说道："在我入教的同时，相当于你也入教了！因为无论发生什么，亲子之间的缘分都不会被切断。"

的确，亲子缘分确实可能无法被切断，但我认为这和是否入教是毫无关系的。

"这和我没有任何关系，我也不想听这样的话。你别管我!"

这大概是出生以来，我第一次这么大声和父亲说话。

"你如果和我背道而驰，你与好运之间的联系将会被切断。"

"是我会变得不幸的意思吗?"

"正是如此。"

如果父亲通过不断的修行，坦率地承认："刚才所说的话太严厉了，的确不对。"这样双方就不会变得情绪化，而是冷静地交谈沟通。

"我在年轻的时候有过很痛苦的时候，当时想过要入宗教。"

我没有关注过父母，这事儿还是头一回听说。所以听到这样的话，我开始想要询问他当时遇到了什么样的烦恼。

我的父亲在教育上非常严厉，我儿子小时候经常被祖父训斥。有一次父亲要拨打一通电话，儿子正在看电视，音量很大。如果是我的话，一定会去拜托儿子把音量调低一些。但是父亲则不同，他一言不发地突然走过去把声音给关掉了。当时父亲原计划几日后回京都的，发生了这件事之后，直到父亲离开，儿子都没有和他说话。父亲离开的时候，儿子甚至没有去送别。

有一次，儿子在正月要去父亲那里住几日。在那之前儿子都没有离开父母外宿过，从这时候开始，可以独自一个人去祖父那里投宿了，也能一个人乘坐电车了。我竖起耳朵，一字不漏地听儿子说话。

"就这样我要离开妈妈……"

当时儿子好像还对晚餐的乌冬印象尤深，回来后跟我说了这个。

"难道是爷爷给你做的乌冬面?"

"嗯。"

我可很难相信这是真的,因为父亲从未给我做过。

有一年正月,儿子和父亲一起下将棋(日本象棋),双方不相上下决不出胜负,我记不清最后是平手还是中途停止了,还没学会多久的他和祖父下棋打成平手,一定很开心吧。

要说我和儿子之间是否心理距离很近呢?我也曾想过其实我对儿子的管教也并非是完全放手的。儿子读四年级的时候,一直熬夜等我的他,连续几天在我回来之前就睡了。在那之前,几乎真的是每次我晚回家,儿子都要等到我回来才睡。

恰巧当时我的电脑的 CD – ROM 驱动坏了,没法用了。我和他说了这件事后,他很担心。但这并不是故障,而是剩余电量不足的关系引发的,插上电源后就又能顺利使用了。

了解到这个原因后,儿子突然坦白他曾经坐在电脑上。站在儿子的角度来看,一直恐惧坐在电脑上的事情会不会暴露时(因为发生了这个事件,儿子认为必须在我回来之前入睡),听说电脑有故障的时候，不安也达到了顶峰，然后在弄清楚并不是故障时，才放心并同时坦白了这件事。

儿子坦白时，我并没有责骂他。现在回忆起来这件事，我想到的是儿子其实很怕我这个事实。最终儿子的确是坦白了，但是想想为何最开始儿子没有说出来呢，因为儿子的心中感觉和我之间是有距离的。这很出乎我的意料。

没有叛逆期

我们经常听到这个孩子现在正处于叛逆期的说法，实际上并不是这样的。我曾经在小学听过妈妈们这样的对话。

"太不容易了，孩子特别不听话。"

"我家的也是一样，但是再过一年叛逆期就过去了……"

很遗憾的是事实并非如此。通过前文的内容你应该已经了解到，大人一直居高临下，训斥、命令、支配孩子的话，孩子是一定会反抗的。相反的，如果大人没有强制压抑孩子的话，孩子则变得没有反抗的必要了。尽管大人很明确地说孩子在叛逆期，看起来好像叛逆期也会一直持续，但其实并没有叛逆期这个特定时期的。

如果大人认为孩子此时的顶撞、反抗也是无可奈何，没有办法的，并采用相应的消极的相处方式，这样孩子也会感受到，进而予以接受的话，我认为双方这样的状态也是有问题的。希望大人教会孩子或许不需要去反抗，但是必须要有自己的主张。

后文会详细介绍。

何以取代训斥

训斥孩子是有百害而无一利的。孩子知道自己所做的行为是会被父母训斥的。在这个前提下仍然采取这样的行为，无疑会从中领悟到通过此行为被父母训斥，可以博得关注。

前文提到希望一直被关注的心理也并不值得推介。人类的基本欲求中，可以放弃其他的所有而想得到的，是感到自己归属于某一个共同体（家庭、学校等），在这个共同体中有自己的立足之地。孩子希望通过被家长责骂来博得关注，他们的错误在于通过被训斥，确实能博得家长的关注，但以被训斥的方式受到关注，却绝非获得归属感的合适方法。这么说是因为别人不一定会那么关注自己，并不是说周围的人有什么恶意，只是有时候可能真的注意不到。尽管如此，我们无法因为他人没有注意到自己、不关注自己而去责备别人。希望不管别人关注与否，你都能拥有归属感。

站在父母的角度，训斥孩子恰是关注了故意为了吸引关注的孩子，与其说虽然训斥了孩子还是……不如说正因为训斥了孩子，反而促使孩子愈加做出会被家长训斥的行为来。在此先提前透露一下，孩子和父母一样，希望获得归属感，觉得"待在这里也不错"，父母应该采取举措让孩子觉得没有必要做出被父母训斥的行为来。父母要做到让孩子拥有这样的感受，需要知道合适的方法。我认为孩子其实也是不想被训斥的。训斥这件事，无论是被训斥的一方，还是发出训斥的一方，都需要耗费"洪荒之力"。

很遗憾的是，父母也好，孩子也好，大抵都不知道应该怎么做。

不必情绪化

尽管如此，为何大人们还是不能停止训斥孩子的行为呢？在此先来明确区分几个不同的概念。

首先，假设大人正目睹孩子即将或者正在做出危险行为的瞬间。面对这样的紧急情况，如果父母不大声喝止的话，孩子可能会因为不知道自己的行为将要引发什么样的后果而继续做下去。但是为了让孩子停止这种行为的大声喝止与训斥，是完全不同的。

我曾经在电视节目的新闻特集中看到这样的一个场景，一位老师主张必须当场指出并纠正孩子的错误行为，节目中他正在指教学生。这位老师平时可能也是一位沉稳的人，但此时却变得情绪化，用粗鲁的语言攻击孩子的人格，开始了发自肺腑的说教。假如孩子不知道自己的行为意味着什么，只要教给他就好，完全没必要变得情绪化。但是正如前文所述，孩子实际上经常都是有意而为之的。如果孩子是明知故犯，有意而为之，训斥只会起到相反的作用。有些人断章取义，批评我所说的不训斥孩子等同于放任孩子，这样的批评是不恰当的。接下来我以如何处理儿子边走路边喝牛奶，并把牛奶弄洒这件事为例，说明没有训斥孩子的必要。

儿子2岁时，有一次边走路边喝着牛奶。手里拿着杯子，颤颤悠悠的，迈的步子也让人担心他会把牛奶弄洒。我经常会在演讲时向听众提问：下一个瞬间会发生什么呢？应该很容易想到吧。很多人都说会提醒孩子边走边喝的话牛奶会洒出来。我则不会提醒孩子，因为这个时候还什么都没有发生。

随后，儿子弄洒了牛奶。这个时候，孩子并非出于恶意，只是想要边走边喝的计划失败了。这时候再问听众们该怎么办，大家的回答是"擦掉牛奶"。我追问道"由谁来擦呢"，家长们回答"我来擦"。我认为由家长来擦拭孩子弄洒的牛奶，属于过度保护了。在这里家长去帮孩子擦拭弄洒的牛奶，孩子会从中学到什么呢？他会学会，即使自己失败了也会有父母来给收拾乱摊子、擦屁股这件事。

我询问儿子："你知道应该怎么做吗？"我想如果他不知道的话，我就教给他做法。但是他却回答："我知道。"我又追问他："你想怎么做呢？"他回答："用抹布擦掉。"所以我就让他这么做了，最大限度地恢复原状，这也是承担责任的一种方式。

假设孩子之间打架，有一方受伤时，会希望打人的一方向被打伤的一方道歉。但是孩子弄洒了牛奶这件事并没有伤害到我的感情，所以也没有必要让孩子道歉。

失败一次是被允许的（当然，有的失败一次也不能被允许），但如果一直重复同样的错误就有问题了。为了防止以后出现同样的失败，我尝试着这样问他：

"今后为了防止喝牛奶的时候洒出来，应该怎么办才好呢？"

儿子思考了一会回答道：

"今后要坐着喝牛奶。"

可以看到这一连串的对话中我完全没有训斥孩子。与此同时，也没有放任孩子的失败不管，更没有承担必须由孩子自己来承担的责任。我本想传达给他不希望他重复同样的失败的信息，但是因为儿子已经知道以后该怎么做了，所以也没有必要传达了。即使有必要传达，也不需要情绪化地传达。如果真的是带情绪地传达，孩子很有可能对父母产生逆反心理，本应该学会的也学不会了。

如前文所述，只是一味地训斥孩子，孩子无法学会应该怎么做。虽然这次失败了，但是只要和孩子共同思考今后应该如何避免失败，有必要的时候教孩子怎么避免就好，训斥没有任何意义。

坚定的态度

在事后可以和孩子谈谈应该如何做，但当问题正在发生时，也就是现在，如果不采取一些对策，而是放任，孩子会觉得自己做什么都是被允许的。那家长应该采取什么样的对策呢？

需要以坚定的态度面对。当然说起来容易做起来难，因为大人很容易变得情绪化。此处所说的坚决的态度和威迫的态度不一样，稍做说明就能明白其中的不同，实际上想要以坚定的态度面对非常难。后文中我们会讨论，如果真的发生了必须要训斥孩子的事，其实也为时未晚。但希望大家能够明白在发生这样的事之前，与孩子之间并不需要训斥、被训斥的交流方式。通过改变与孩子之间的交流方式，你会发现自己最近没有训斥孩子了，至少不像以前那样频繁地训斥孩子了，抑或在训斥孩子后会后悔，亲子关系在悄然改变。当然关于这一点会在后面谈到，在此只说明坚决的态度与威迫的态度之间的不同。

因为讲座的关系，我去了几次富士山，平时我都是乘坐雷鸟号新干线，但有一次乘坐的是白鸟号新干线。这是从大阪出发，终点为青森的特急新干线。雷鸟号的终点就是富士山，所以我平时乘坐的时候很安心，但是白鸟号的终点是青森，所以我从一上车就开始担心会睡着了坐过站。在准备讲义的过程中，我不知不觉睡着了。

刚睡着没多久，周围突然嘈杂起来。原来是中间经停车站有一位中年男子上车，本车厢都是指定座位的，但是他却从一个座位又窜到另外一个座位。正在好奇的时候，列车长来查票了，发现这位男子竟然逃票了。周围人想必也都看到了这件事，但是我不想给自己惹麻烦，所以无动于衷。列车长请他出示车票，他却拿不出来。

"没有出示车票的只有你一个人了。其他人都已经出示了车票。你这样也给其他乘客添麻烦。我是这次列车的负责人，请你下车。"

周围的乘客屏息紧张地看着他们二人。在被要求下车后，这位男士愤怒地都想动手打人了。最后这位男士很不满地在高冈站下了车。

当时列车长的态度丝毫没有威迫的感觉，始终沉着冷静。态度坚决，勇敢不屈的姿态打动了乘客们的心。"我是此次列车的负责人"这句话丝毫没有耀武扬威的意味，让我深深地意识到威迫的态度和坚决的态度完全不同。

判断一个人的态度到底是威迫还是坚决，依据是什么呢？如果是威迫的态度，不仅仅是当事人，连周围的人都会跟着气愤起来。就像刚才的场合，尽管实际上谁都做不了什么，但是车上的人都会想要声援列车长，没人会和这位逃票的男子一样义愤填膺。因此可以想象，在列车长和这位逃票男子僵持的过程中，如果有人有其他事情和列车长说话，这位列车长应该会像平常一样，和颜悦色地应答。持有威迫态度的人，我想平时应该也会对周围人施压吧。人们会担心遇到事时，这样的人的怒火会烧到自己身上，即使事情明明与自己无关。所以会与这样的人保持距离，不与其产生关联。与我坐同一辆车的一群女大学生，看到了列车长的应对，发出了"太帅了"的赞叹声。

如果发现周围的人害怕并且退缩，那就可以判断自己的态度是威迫的。在地铁上经常会碰到接打电话的人。有一次，一个年轻女性接到电话并且开始讲话，讲话的声音也不大，但是坐在她前面的男士马上开始提醒她。这位男士应该是本来在睡觉，但是被女士的说话声吵醒了。"你难道不知道地铁里不能讲电话吗！"声音响彻整个车厢，正在用手机看邮件的我赶忙把手机收起来放到了口袋里。在这样的场合提醒别人的话，根本不用这么大声吧。

有一天我在乘坐地铁时碰到一位佩戴起搏器的乘客。众所周知，手机信号会干扰起搏器，但实际上很少有人会关掉手机电源，并且政策规定也有所缓和，必须关掉电源的只限优先座位附近或者是特定的车厢。现实生活中碰到佩戴起搏器乘坐地铁的人还是第一次。与他同行的女性字正腔圆地说："因为在使用起搏器，能否麻烦各位关掉手机电源呢？"大家听到后都纷纷关机了。

父母在面对孩子的行为时，在必要的时候采取坚决的态度就可以，不需要训斥孩子。很遗憾的是有时父母尽管没有训斥孩子的打算，却不知不觉间表现出了威迫的态度。

第四章

停止夸奖孩子

父母能做的

在此我首先提议不要再训斥孩子了。孩子故意做出被训斥行为的原因在于吸引父母和老师的注意，越是被批评得多就能得到越多的关注，孩子也不会因为被训斥而停止父母认为有问题的不良行为。前文讲述的在保育园有孩子哭的小故事，应该没有人训斥这个哭的孩子，但是孩子一定知道哭可以吸引大人的关注，这也是孩子哭的目的所在。但是如果与他预想的不同，没有人关注他在哭的话，孩子也就也失去了哭的意义。所以，父母能做的首先是不去关注孩子做出的故意吸引关注的行为。

但刻意不去关注的行为本身也是一种关注。假装没看见，但实际上连看背影都能看出来你在生气。此时和不关注相比，更正确的应对方法应该是无视。

因此，父母不应该只是被动地不去关注、不去训斥，而是需要思考一些积极的方法，以应对孩子做出的故意吸引关注的行为。父母要做的是教会孩子：你不要故意做出被训斥的行为来吸引关注。

　　为此，希望父母多关注孩子好的一面。这样孩子就会知道父母会关注好的一面，同时也明白了没有做坏事来吸引注意的必要了。接下来我将告诉读者具体应该怎么做，只笼统这么一说，一定会有很多父母说："我可做不到，我家孩子整天让我焦头烂额……"要了解何为关注孩子好的一面，为什么要这么做，父母有必要改变看待孩子的方式。

并"非""总是"在产生问题

　　拿刚才儿子的例子来讲，我可不认为儿子"总是"不听保育园老师的话。如果老师的话实在过于枯燥无味的话则另当别论了。当然一定也有孩子没有好好听的时候，但肯定也有他好好听话的时候。

　　然而，大人们却忘记了孩子听话的时候。或者有的父母认定孩子就是不听话，哪怕孩子在那静静地听着呢，在父母的眼里、心中却完全留意不到。

　　记得我听说一个小学生放学回家后还要照顾卧床不起的祖母这个事时，我是如此的震惊，当我和母亲说起这件事时，母亲说

"但是这个孩子没有学习"。由此可见,父母要看到孩子好的一面是如此的困难。他还照顾家里的狗,每天负责喂狗吃饭,带狗遛弯。每个家长都至少有过一次因为孩子要养猫或者养狗而烦恼吧。跟孩子说好了:那你要自己照顾好它哦,孩子答应后终于如愿以偿了,但可能也就过了 1 个月的时间,孩子的注意力就不在小动物的身上而是转移到别处了,到最后基本是母亲在继续负责照顾它。想到这一点,我就觉得这个小学生自己照顾狗也很了不起。但是在家长看来,貌似家里的事情做得再多,不好好学习的话都是多余的。

曾经有人就孩子饮食过量来向我咨询。她的女儿在读大学,因为患有糖尿病,所以需要控制饮食。但是女儿却饮食过量,母亲很苦恼。这位母亲是一位营养师,每天会为孩子准备合规的卡路里和盐分的食物。孩子除了吃母亲做的饭菜之外,还会吃别的导致饮食过量。如果吃得过饱的话,她也可以选择不吃母亲做的饭菜,所以也可以解释为她是真的太饿了。另外,她坚持吃母亲做的限制卡路里的餐食也是这个孩子的好的一面。希望父母能够学会从这样的角度来关注孩子。大部分的父母都不太擅长看到孩子好的一面,后文将会介绍应该怎么做。

如果大人就这样开始不断关注孩子好的一面,孩子也会随之不断变化。那么训斥也好,愤怒的情绪也好就都烟消云散了。

关于夸奖

那么，怎样做才能关注到孩子好的一面呢？也许有人认为关注孩子好的方面就是夸奖孩子吧，其实并不是。

育儿书中经常写到不要批评孩子，而是要夸奖孩子的育儿方法，很多人读后都深信不疑。的确，现如今很少有人还建议说训斥孩子是最好的教育方法了，但实际生活中还是有很多的父母明知不可以训斥孩子却每天都在训斥孩子，其中也不乏面对态度太恶劣的孩子，甚至"诉诸武力"的家长。我认为在教育的领域里不应该出现体罚，父母、老师打着教育、管教、爱的名义对孩子出手，很遗憾，这有时候会带来不幸的事件。我理解这些人应该是不知道还有其他的教育方法。

有些父母从不训斥孩子，想用夸奖的方式养育孩子。他们对训斥孩子的育儿方法持否定的态度。对于这样的父母来说，如果不知道可以取代训斥的正确做法，很容易在亲子关系的构建中陷入困境。他们对于夸奖式育儿举双手赞成，听到我说不要夸奖孩子时无比惊讶。实际上我以前也曾想采用夸奖式的育儿方法，当我发现了这种方式的弊端时也同样感到惊讶。

到底何为夸奖呢？有一天，一位经常做咨询的客户突然带自己的女儿前来。以前她来咨询的时候会找一位临时的育儿嫂帮忙照看女儿。那天，育儿嫂临时有事，她只好带女儿一起来。孩子太小了，咨询的时候不能让孩子在外面等着，所以我就为母女二人都准备了椅子，让她们坐下了。妈妈在孩子的背包里准备了零食、玩具以及她喜欢的玩偶。我很快就明白为何妈妈觉得孩子在咨询期间不会老实。准备的这些东西是为了在孩子哭闹的时候分散她的注意力，让她放松下来。面对"孩子能否在这一个小时的咨询时间里保持安静地等待呢"，大部分父母都会回答说不能。所以想必遇到这样的情况大家都会这么做吧。父母并不信赖孩子。父母通过孩子过往的情形来判断，预想今天也会发生同样的状况吧。

但是一个 3 岁的孩子，真的无法在一个小时的时间内安静地等待吗？我认为哪怕是再小一些的孩子都是知道自己所处的状况的。我女儿 1 岁时，如前面所介绍的，她第一天去保育园只用了 20 秒就知道哭是没用的。应该有很多人有过类似的体验吧。

和母亲一起来的这个 3 岁小女孩，出乎母亲的意料，在咨询过程中一直很安静地等候。孩子清清楚楚地理解了自己所处的状况。最开始这位母亲一直很放心不下孩子，因此我努力让这位母亲的关注点转移到我的话上面，不要太介意孩子。很快这位母亲就沉浸在和我的谈话中，不再在孩子身上分神了。

如果孩子再大一些，就会和父母一起倾听咨询师的话了。有一次一位母亲带着小学三年级的孩子一起来咨询，在咨询期间孩子并没有觉得无聊，而是特别认真地听我和这位母亲之间的对话。阿德勒说过，和直接对自己说的评价相比，人们更关心别人口中谈论的关于自己的话。

言归正传，结束咨询要回去的时候，母亲跟孩子说：

"你好乖啊，这么老实地等着我。"

这就是在夸奖孩子吗？毫无疑问很多父母都是这样夸奖孩子的。

读者头脑中有了这个印象后，接下来，我们一起来考虑另外一种状况。

有一天一位男士在咨询结束要回去的时候，我问他"今天是怎么过来的啊"，他回答说"我的妻子开车送我过来的"。如果是这样的话，我建议他下次可以让妻子一起来咨询室，他回去后也不用再和妻子汇报在咨询时都说了些什么了。

下一次咨询时夫妻二人一起来了。在结束一个小时的咨询后，丈夫会对妻子说什么呢？如果说"这么老实地等着我，真棒""太了不起了"，妻子会是什么感受呢？如果是一位有着正常的语感的人，一定会感觉被当成傻瓜了吧。我在演讲时讲到这里，坐在最前排的人立刻回答说"如果对我这么说的话，我一定特别反感"。实际上，我们特别反感的这些话，却一直在说给孩子听。到底是为什么会对小孩子说"你这么老实地等我，真棒"这种话，却不会对大人讲呢？

"你这么老实地等我，真棒"是夸奖的语言，我们不会对大人这样说，却对孩子说。这体现了什么差异呢？其实是人际关系的构成问题。在认为别人不如自己的时候才会夸奖对方，夸奖是有能力的人面对没有能力的人，由上到下地评价时的用语。大人听后觉得反感的话语，孩子也是一样。谁都不想在人际关系中处于"下方"。如果你可以去夸奖某一个人，说明你认为那个人是在你的"下方"。

这是夸奖最大的问题，除此之外，还有一些其他的弊病。比如可能会导致不夸奖孩子，孩子就不好好做的问题。我们肯定希望哪怕在没人看见的地方，孩子也能按照自己的判断做出适当的行为，不被他人意见所左右。希望孩子的所作所为均出于自己的判断，而不是因为害怕会被训斥，抑或是会被夸奖。那些被训斥或者被夸奖养育大的孩子，很有可能是因为看别人的脸色，觉得害怕而停止不良行为，或者是明知是合适的行为，但没有人看到或者知道不会被夸奖后就不去做了，比如在走廊看到有垃圾掉了也不会停下去捡起垃圾。

确实有的人很开心被夸奖。我们想象一下这些人得不到夸奖后会发生什么呢？比如一个孩子一直考试成绩很好，但是在一个时期突然成绩不理想了。孩子开始觉得自己没能满足父母和老师的期待，一直以来因为被夸奖而喜悦，并以被夸奖而作为学习的目的的孩子，很有可能会找不到学习的意义，并且开始担心成绩这么差会不会被父母抛弃。此时，孩子面临自己的课题，很可能会踌躇、停滞不前。

不仅小孩子会渴望父母老师夸奖，有的大人也会为了得到赞赏而努力，为了得到夸奖就必须有成果，认为取得了好成绩就会被夸奖吧。如果预测自己不能取得好成绩，可能还会不惜采用不正当手段去获取满意的结果。考试作弊就是一个很贴切的例子，必须要在同他人的竞争中胜出，为达到此目的不惜做出任何事情。但是请想一想对于希望得到夸奖的孩子来说，即使在同他人的竞争中获胜，如果没有人夸奖他的话，会发生什么呢？谁也没法保证会有人来夸奖他。

没有得到夸奖、被训斥的孩子，一定会觉得是在竞争中输掉的一方吧。可以说不论是兄弟姐妹之间的手足关系，还是其他的普通人际关系，在竞争中输掉的一方的精神会失去平衡。

损害心理健康的一个重大要因在于"上下关系""纵向关系"，以及由此产生的"竞争"。对此我们并非无计可施，也并非只能坐以待毙。父母只要改变和子女之间的沟通交流方式，就可以很大程度上避免损害孩子的身心健康。

大人与孩子是平等的

就像这样夸奖孩子会有很多的问题，其中最本质的问题在于夸奖是以上下级关系为前提。如果是平等关系的话，则不会夸奖对方。这在训斥别人的时候显而易见，因为如果是平等关系则不会训斥对方。正因为在某一个方面认为对方在自己之下，不如自己，才会训斥对方。

正如你所看到的，夸奖和训斥一样，都是以上下级关系为前提。正是觉得对方在自己之下，才能够夸奖对方。被夸奖的一方，则并不会因为自己被置于对方之下而欢欣雀跃。丈夫或者妻子安静地陪同对方接受一个小时的心理咨询，也并不是被夸奖的理由。

因为能做到这一点是理所当然的。

儿子 4 岁时制作了塑料的铁路模型，组装的铁轨模型很复杂，看起来特别棒。妈妈看到后马上说："这个铁轨太棒了！你一个人完成的吗？你都能一个人完成这么复杂的组装了。"有的孩子听到这样的话可能会很开心，但我的儿子当时是这么回答的：

"是的，大人看起来可能很难，但是我觉得很容易。"

在这段对话之后，儿子就不再制作铁轨模型了。父母的话语原本可能只是单纯的感慨，但是孩子可能从中感受到的是，他这个年纪本不可能制作出这样的铁轨来，大人只是从自己的视角来评价这很棒。

我经常问前来咨询的父母一个问题：你觉得 3 岁的孩子能在咨询的过程中安静地等待吗？从来没有人回答我说：我认为能。父母本来觉得孩子无法安静地长时间等待，如果孩子做到了，父母就会为此惊讶，并且夸奖孩子。

也有人认为面对孩子，多夸奖一下也未尝不可。也有人向我咨询可以夸奖孩子到几岁呢？答案很简单，这与面对的对象是孩子还是大人无关。视孩子与自己处于平等关系的人，从孩子出生的那天起就应该不会夸奖孩子吧。

时至今日，关于男女关系，应该很少有人，至少在公共场合很少有人再说男尊女卑（男上女下）了。但如果说孩子和大人是平等的，哪怕在认为男女平等的人群中也有很多人抵触。

平等并非指大人和孩子是相同的。显而易见，有太多的事情孩子都做不了。如果没有大人的帮助孩子甚至不能生存下去，能够承担的责任的大小也完全不同。比如，一个小学一年级的学生，他的门限（最晚回家时间）不可能定为夜里 10 点，因为他无法承担晚归的责任。但是大人则能够承担相应的责任，所以门限定在夜里 10 点也完全没问题。尽管如此，如果家里有门限，但是只规定孩子的门限而大人却没有，也是不合理的吧。如果设置了孩子的门限，就应该设置大人的门限，哪怕门限的时间不一样。

确实大人和孩子不一样，但是作为个人来讲，大人和孩子是平等的。只是偶然来到这个世界的时间不同，一方成为父母，而另一方作为子女，双方在这个世界相遇了。

将孩子视为平等的存在，在沟通交流中，尊重孩子，全面地信任孩子，就毫无全力控制孩子的必要了，即没有训斥孩子、惩罚孩子的必要了。当然也不会认为孩子在自己之下，就不会给孩子"戴高帽"，夸奖孩子了。

洛林·马泽尔（Lorin Maazel）在 11 岁时取代托斯卡尼尼（Toscanini），成为 NBC 交响乐团的指挥。他在 8 岁时已经登上舞台崭露头角，当时乐队的演奏者们很愤慨，居然让这么一个小孩子站在指挥台上，公开表达着不快以及敌意，还有人故意在演奏时出错。但是他完美地记住了总谱，指出了错误。就这样随着彩排的推进，他逐渐和专业的演奏家们建立起良好的关系，演奏家们后来都对他充满敬意。这个故事广为流传。

我曾经想，如果孩子从出生的那天起就和大人一样大就好了。尽管孩子拥有着远超大人想象的才能，就像最开始马泽尔受到的演奏家的对待一样，大人们无法洞察孩子的能量，仅根据外在就判断孩子不如自己。

这样的情况不仅限于孩子很小的时候。有一次我在大学里提到大人和孩子是平等的，当时有一位同学跟我说，和父母吵架的时候，父母不分青红皂白地训斥"你小子明明还是个孩子"，他很反感。大人和孩子（或者老师与学生、学徒）之间是平等的，对于这一观点大人是抵触的。但是孩子和年轻人应该一直认为自己接受了来自父母的不当（也许只是自己感觉的）干涉、压制，他们对于大人和孩子（或者老师与学生、学徒）之间是平等的，这一观点没有任何抵触情绪。

有人也说不能压抑孩子。如果不将孩子视为平等的存在，认为自己在照顾孩子，孩子自己什么也完成不了，就容易造成过度干涉，过度保护。

将孩子视为和自己一样平等的存在，而非不如大人，亲子关系也会随之发生巨大的改变。

第五章

给孩子勇气

有勇气

话说回来，有人觉得关注孩子好的一面就是要夸奖孩子，前文已经指出其实并非如此，因为夸奖是以上下级关系为前提的。

面对放学后照顾祖母的小学生，她的父母应该怎么说呢？面对陪父母做心理咨询时老实等待的孩子，父母应该怎么说呢？在此暂且排除沉默不语的选项。相信父母大多是想不出来答案的吧。在育儿和教育时，时机不等人，在你想着应该怎么对孩子说的工夫，就错失了和孩子说这件事的时机。即使和孩子说了，最常见的情况也是孩子对此很不悦，一点都不开心。"好棒啊""你真乖"这样的词语夸大人是很尴尬和奇怪的，同理，很明显用这些词语夸奖孩子也不适合。我想对认为大人和孩子不一样的人说，其实不是这样的，大人与孩子之间应该用平等的姿态来相处。

因此，我提议在这样的场合可以说"谢谢""帮了我的忙了"等。"谢谢"并不是夸奖的话，夸奖的话语是有能力的人面向没有能力的人所说的一种评价式的语言。与此不同，"谢谢"这一词汇则把关注点放在了对方的贡献上面。多亏了你，我才得以白天在

外面安心工作；多亏了你这么安静地等待，我才能安心地听心理
咨询师的话……就像这样传达对方做出的贡献的感谢之情。

认为自己对别人毫无价值是很可怕的。孩子想要吸引关注，也
是因为不想被无视。如果不能得到想要从父母那里得到的关注，
就会做出一些行为来吸引父母的关注，从最开始的让父母烦躁的
行为升级到让父母真的怒火中烧的行为。

除此之外刚才也提到，"待在这里也不错"的感受，即归属感
也是人的基本需求之一。从这个意义来讲谁都想得到归属感，但
是从父母这里获得关注并不是获得归属感的适宜的方法。有的孩
子觉得做出适宜的行为无法获得关注，与其被忽视还不如被训斥，
这样还能得到父母的关注，用这种方式来寻找在家庭中的归属感。
当然我并不认为孩子希望自己被训斥。希望父母能够传达给孩子
这样的信息：即使不那么做，也欢迎你在这里。跟孩子说"谢谢"
的目的之一就在于此。

我在此提到的跟孩子说"谢谢"，不同于训斥和夸奖，而是
"给孩子勇气"。后文将会一步步介绍这一行为的意义，给孩子勇
气的目的之一，就在于让孩子感受到哪怕不需要通过做出被训斥
的行为来博得关注，而是通过做出对他人有益的行为，也能在家
庭或者学校中找到自己的立足之地。

鼓励的目的

在此来确认一下为何要鼓励孩子。之所以要确认,是因为有的人理解鼓励就是说"谢谢",认为这和夸奖的话语没什么两样。实际上,在父母忘记和孩子说"谢谢"时,孩子有时候也会提醒父母说"这时候不是应该说谢谢吗?"很明显父母是有意图地在说"谢谢""真是帮了我大忙了",他们希望孩子下次也能做出同样适宜的行为。站在孩子的立场,听到被感谢的话语肯定会开心吧。我希望孩子能成为即使不会被感谢也选择去做适宜行为的人。在这里希望父母不要对鼓励产生误解,下面我来探讨一下为何要鼓励、以及鼓励孩子的目标。

直截了当地说,孩子要在世上活下去,则无法回避人生各种各样的课题。鼓励是帮助孩子拥有解决各种人生课题的自信。

要想这样帮助孩子,父母能做的有很多,如刚才所见,通过关注孩子的贡献,让他喜欢上为别人做出贡献的自己,以此获得自信,去解决必须由自己解决的课题,不逃避,勇敢地面对(关于这一点会在后文详细说明)。

　　父母通过这种形式的关注，通过没有太大难度的"谢谢"，能真真切切地教会孩子。父母无意识的鼓励的话语，孩子会自然而然地模仿。强调父母要对自己说谢谢的行为可能是因为孩子对此理解的还不到位，但是，至少说明因为有了父母示范，孩子才能够使用这样的语言。不知不觉中孩子对于鼓励的语言的运用比大人还要擅长，哪怕大人的示范并不完美。

　　我开始有意识地学习如何给孩子勇气，鼓励孩子时，儿子马上就要3岁了。在那之前好像儿子都没有说过"谢谢"这样的话。但是我的女儿进入保育园不久，也就1岁多的时候，有一天和往常一样到了保育园，要从自行车下来时，突然说了句"虾谢"。一瞬间我有点怀疑自己的耳朵，但是马上理解了她说的是"谢谢"。

　　需要注意的是，并不是所有场合、对所有人，用前文列举出的方式说话都能给对方勇气。要确认是否有效，最可靠的方法是询问孩子，问的方式类似于"刚才的话，你怎么看?"。至于如何做，没有通用的法则，父母们只有在实践中不断试错。

认可自己的价值

　　有时孩子逃避自己的人生课题，并非因为所面对的课题本身太困难，而是因为不认可自己的价值。当然，有时候孩子直面的课题确实很困难，有时候也真的无法解决。但阿德勒认为，人只有认为自己有价值时才是有勇气的。人生的课题包括工作、交友、爱与结婚。人最终总是要工作的，对于孩子来说，学习就是工作吧；和朋友交往，有时候甚至会发展到结婚的关系；还有家人之间的关系等，这些都是无法回避的。事实上，孩子在认为自己有价值时，会拥有面对各种人生课题的勇气。相对的，孩子认为无法解决所面对的课题时，其实是认为自己没有价值。因为自己没有价值所以无法直面人生的课题，就这样在最开始就认为自己没法解决，为了将这种想法正当化，便端出来自己没有价值的说辞。

阿德勒并不是乐观主义者。乐观主义者认为不会发生坏事情，总会"有办法"，不会去想要弄清楚自己应该做些什么，应该做到什么程度。平常很乐观的人实际上是悲观主义者，一旦发生一些令自己受挫的事情，他们会立刻变身为悲观主义者，然后对所有的事情都开始绝望。而有勇气的乐观主义者则会采取一些"办法"。当然并不是所有问题都能够解决，尽管如此他们也不会坐以待毙，而是尽力而为。

是否有勇气，与所面临课题的难易度并无关系。如前所述，人生的课题中有很多是真的无法解决的，但也有一些课题，在外人看来不难解决，可能实际上确定不难解决，比如要去学校上学，这一周围人可能都不觉得困难的课题，对于本人来讲可能就是一道无法逾越的鸿沟。不论是什么场合，只要认为自己有价值，就可以直面这一课题。如前所述，一些人在最开始已经下定决心不去面对某一课题，为了得到自己和他人的认同而故意将自己的价值看低，要帮助这样的人认可自己的价值实际上非常困难。所谓鼓励，就是帮助他们认可自己的价值，并且想要直面人生的课题。虽然很难，但绝非不可能做到。

那么到底怎么做才会让孩子认可自己的价值呢？如果孩子不认为自己有价值，也就不会想要面对自己的课题。按照这个思路来看鼓励，与其说是给予其解决问题的能力，不如说是为了让解决课题成为可能，帮助孩子认可自己的价值，这才是首要的。

不被他人的评价所左右

有些孩子很在意别人的评价，这与孩子是被训斥或是被夸奖长大的有关系。被人说好时十分喜悦，被差评时则很悲伤，甚至是愤慨。这难道不是很奇怪吗？自己的价值并不是依附、取决于他人的评价的。因为被说是坏人就成为坏人，相反的，因为被说是好人就真的成为好人了吗？事实上绝不是这样。

在意他人对自己评价的人，有时会更进一步地来迎合他人心目中自己的形象，以及他人对自己的期待。哪怕那种期待的形象并不符合自己的想法。传统的育儿、教育理念下培养出的孩子，可能会如此可悲地看人脸色、害怕他人的评价。

因此，鼓励的目标之一就在于帮助孩子不被别人的评价所左右。被鼓励、获得勇气的孩子，不会被他人的评价所左右，也不会逞强让自己看上去比实际的自己更好。

如果父母能做到这一点，的确可能给孩子带来巨大的变化。但是前提是父母必须要明确具体应如何去做。

将缺点看成优点

人不会立刻就改变。要认可自己的价值，从将自己认为的缺点看作是优点开始。被鼓励的孩子，可以用一种以前从未有过的、崭新的视角来看待自己。比如"沉闷"也可以理解为"温柔"。有的孩子认为自己很沉闷，实际上这样的孩子对于别人如何看待自己的言行很敏感，而且肯定不会故意说出中伤别人的话语。而被周围评价为"开朗"的人，的确很积极向上，但是不得不说在另一方面，他们并不特别在乎自己的言行给周围人带来的影响。当然并非所有人都这样。我认为一直在乎自己的言行，生怕自己的言行会伤害到他人的人是很"温柔"的。我经常会将此传达给前来咨询室咨询的年轻人。

关于这一点，并不能否定父母促使了孩子聚焦自己的缺点。父母每天对孩子说得最多的就是"快点儿""这样可不行吧"（做这个可不行，那样的话可不行吧……）。这样一整天都被催促说"快点儿"的孩子，会觉得我就是不行，迟钝、无药可救了。我认为这样的孩子是无法喜欢上自己的。

在孩子上保育园时我经常能听到这样的话。父母在和孩子说这样的话时，其表情在旁观者看来非常吓人。在一部电影中，孩子画了一幅妈妈的肖像画。母亲看到孩子的画不禁愕然了，因为孩子画的竟然是母亲面目狰狞地训斥孩子。在孩子看来，如果让父母见到自己的缺点或者不足，就能够得到父母的关注。

因为孩子来心理咨询室的父母中，会说很多关于孩子的缺点、短处、不良行为等。只要不打断他们的话，他们能一直讲下去，还有的人甚至会汇总到一个笔记本上来读给我听。很明显这里的父母只看到了孩子的短处、缺点。此时我会打断父母貌似还会继续下去的讲话，这样询问他们：

"我已经清楚地了解了您孩子的缺点和短处。接下来可以给我讲讲您孩子的长处、优点吗?"

然后,刚才滔滔不绝的父母突然失声了。

"什么?长处吗?嗯,这个……"

我一般都会这样插话进来,但是有一次我一直听到了最后,读者可能认为这是理所当然的,但是此处我希望读者能够充分地意识到父母通常只看到了孩子的缺点和短处。将孩子的缺点汇总到一张 A4 纸的母亲,用了整整 30 分钟读完了一整页。没想到她把纸翻过来,背面也满满当当地写着孩子的缺点和短处。她又用了整整 30 分钟读完了背面的内容。咨询的时间本该是一个小时,我本想着也不能就这样结束此次咨询,没想到她说了句"就这样吧",根本没有要听我说的意思就回去了。

这样的人是希望别人能明白,她本人对孩子的培养是无可挑剔的,之所以出现这么多问题,都是因为孩子不好。孩子如果知道父母在外人面前如此说自己的问题,一定不会开心吧。

我一直教导年轻人,父母的看法并非唯一绝对的,父母对于孩子性格的了解也只不过是某一个侧面而已。但是父母对于孩子的影响,尤其是从孩子很小的时候开始被父母长年灌输的所谓的缺点,是很难摆脱的,甚至会追随孩子的一生。最后不只是父母,孩子在被问到自己的性格时，也只能说出自己的缺点来了。

如果孩子下定决心不去直面人生课题，此时父母正确的做法应该是不只关注孩子的缺点。那些下定决心不去直面人生课题的孩子，父母对其的影响力的确很大，他们接受并且不去抵触父母只看到自己的缺点。人生课题的内涵其实就是人际关系，一个人只看自己或对方的缺点的目的在于不想进一步深化人际关系。

实际上，一个人曾经的优点也有可能被看成缺点。比如明明曾经觉得是一位认真、一丝不苟的人，后来却会让人觉得过于关注细节、很烦。相反的，如果善意地看待周围的一切，会发现所有的事情都看起来更好了。这也适用于父母看待孩子的缺点时。

如果一个人先行下定决心不去喜欢自己。这样的话，由此也会考虑不积极主动地和别人建立良好的人际关系。正因为如此，父母能够帮助孩子的就是让孩子从一种不同的角度，重新树立信心，让孩子把自认为是缺点的，或者是受父母影响而认为是缺点的性格，当作优点来看待。

在写这本书时我也回想起来，有很长一段时间我都不喜欢自己。从小我就注意到自己个子矮。我一直深深地认为自己会因此而得不到正当的评价。但是我学习很好，很明显从小我学习的动机就不纯。我清楚地记得，早在我读小学一年级的时候，就给人我学习好的印象了。当时，老师在全班同学面前说，有些学生的家就在校门口，学习成绩却不好，然而我家虽然离学校很远，但我的学习成绩却很好，对此我至今仍然印象深刻。现在如果老师这么说的话可能就有问题了吧。

大学毕业后不久，我在街上遇到了中学时代的老师。不懂得社交辞令的我，听到老师"来家里玩吧"的邀请，就真的去老师家里拜访了。实际上这到底是不是老师的客套话我也不知道，也可能只是当时感受到好像并不是很受欢迎，所以才这么觉得吧。到现在我几乎想不起来当时都说了些什么，但当时老师有一句话让我印象尤为深刻。

"你不适合做生意（也有可能是"生意人"这个词），那些身材魁梧的人更适合。他们会更有气场，你肯定不行。"

现在想想当时老师也不一定有恶意，但之前并没有人明确指出我个子矮，我只是潜意识中有这种感觉。当时被老师明确指出来时，我感觉自己就像被公开宣判了一样。

因为这件事那段时间我特别烦恼，有一次我和朋友说了这件事，朋友说"这也都是没办法的事"，当时我很失望，但是却明白了这话的意思。当时我将人际关系不顺畅的原因归结到了个子矮上面来。

但是个子又不会一夜之间长高。阿德勒反复在强调："重要的并不是你得到了什么，而是如何运用你所得到的。"必须要和这样的自己相处下去，这是无法逃避的。

又有一天朋友对我说："你有能让人放松下来的才能。"朋友看到了我和别人说话的样子后说出了上面的话。我自己从未这样看待过自己，听到这话十分吃惊。但仔细想想觉得朋友的观察还是对的。现在回想起来，我应该就是从那个时候开始产生变化的。

从一种不同的角度去看待孩子自认为是缺点的，或者受到父母的影响让孩子觉得是缺点的性格，也就是帮助孩子把缺点看待成优点，并不应该直接由父母告诉孩子：这是你的优点。听别人说这是你的优点，并且接受的话，无异于意味着依存于他人的评价。正因如此，我在这里才使用了"帮助"这一表达。父母对于孩子的看法改变了，父母与孩子之间的相处方式也会发生改变，随之孩子自身会开始关注到自己的优点，而非只是看到自己的缺点，这才是正确的方式。

如果父母将孩子的注意力不集中看作孩子有放松的能力，再当孩子注意力不集中时就不会再一直絮叨。那些认为孩子容易厌倦、无论做什么都不长久的父母，在孩子这么做的时候也会一直絮叨吧。如果认为孩子并不是容易厌倦，而是认为孩子很有决断力的话，就没有絮叨的必要了。假如父母不去指出孩子的缺点，孩子也会受到父母的想法的影响，不会不认可自己。最重要的是，父母不干涉孩子，只要做到这一点就会给孩子带来好心情了。前文已经赘述好几次了，大人有必要给孩子提供帮助。为了在孩子最需要帮助的时候提供帮助，所以希望父母尽量减少提供不必要的帮助。

贡献感

要树立积极地和他人构筑良好的人际关系的决心，必须明确理解和他人建立关联，对于自己来讲是有益的。

我并不是孤岛，不能孤立地生活下去，而必须要在与他人的关联中生活下去。如何看待与他人之间的关系是很重要的问题。是视其为敌人，抑或是视其为伙伴，会改变生活的姿态。

如果是其他的道具可以花钱置换，但是"我自己"这个道具，即使不喜欢也无法置换。哪怕我有一些小毛病，即使是这样的我也是有优点的。如果孩子不能这么想，孩子的人生则无法收获真正的幸福。父母只关注孩子的缺点和不足，会促使孩子认为自己无法改变，并且不喜欢自己。无论如何都希望孩子能喜欢上这个无可取代的自己，因此我认为父母必须将孩子的缺点和短处置换为长处。

这个方法可以用来重新审视孩子的既有性格。如果只是被别人指出了优点并且欣然接受，可以说和在乎别人的评价没什么两样。以父母指出自己的优点为契机，自己切实感受到自己的优点，就另当别论了。

有一个积极的方法可以让自己喜欢上自己。如前所见，如果孩子自己下定决心不去直面自己的人生课题，为此也就不会想要喜欢上自己。他们想表达的是自身存在这样的问题，所以才无法面对人生的课题。因此我们来思考一下可以帮助孩子不知不觉中喜欢上自己，进而想要面对人生课题的方法吧。

我"待在这里也不错"的感受，也就是归属感，是人类的基本欲求。要真正拥有归属感，并不是简单地归属于家庭，并在家庭中不断索取才能获得的，而必须是在感受到自己也在为其他家庭成员做着贡献时才能获得的。一个人只有感受到自己对别人并不是无益的，而是对他人有益的时候，才会认为自己有价值，会喜欢上自己。

这也是我提议不要夸奖，而是鼓励孩子获得勇气，具体来讲就是说"谢谢"的目的所在。也就是说"谢谢"拥有一种魔力，会让听到的人感到自己对别人有益，为此感受到自己的价值。

鼓励有两个目标。其一在于帮助孩子知道自己是有能力的，其二在于帮助孩子知道他人并非敌人，而是伙伴。所谓伙伴，是指在需要的时候，随时做好援助准备的人。但实际上有的孩子无法将他人视为伙伴，他们甚至会认为别人很恐怖，只要有机会就有可能会陷害自己，所以永远不能掉以轻心。

如果用传统的育儿和教育的思考方式对待孩子，很明显孩子并不会视训斥自己的父母为自己的伙伴。关于是否认可自己的能力这一点，一方面有的孩子会一直认为自己会被训斥，不会想要积极主动地去做些什么，即使被父母或者老师指示后做出一些成绩，也不会认为自己有能力。另一方面，被夸奖长大的孩子，如果原本认为应该被夸奖的行为却无人注意到的话，可能会立刻停止这种好的行为，并且视不夸奖自己的人为敌人。再者，如果孩子以被夸奖为目标，如前所见，和好好学习相比，他们更倾向于选择作弊，想着不论如何要先做出成果来。但即使做出了成果，相信孩子也不会认为自己有能力。

被鼓励的孩子会拥有贡献感。拥有贡献感的人，即使别人并不承认自己的贡献，也觉得无妨。当然如果听到别人说"谢谢"一定会很开心，但他们并不是因为期待得到别人的"谢谢"而去做出适宜的行为的。

拥有贡献感与视他人为伙伴之间有着紧密的联系。这是因为如果不将他人视为伙伴，则不会想要去帮助他人。

通过上文的内容，我们已经很明晰了，鼓励孩子并不是为了父母。怀着希望下次孩子也能采取适宜的行为的目的而说谢谢的行为，并不能称为鼓励。

不求回报地给予他人

有的孩子认为别人给予自己是理所当然的，只关心他人能为自己做些什么（希望得到好评也是其中的一种）。对这样的孩子来说，自己就是世界的中心，整个世界都是围绕着自己的。确确实实，人不能脱离其他人而独自生活下去，能够感受到自己属于这个世界，在这个世界中有自己的立足之地，这是人类的基本需求。但这并不意味着自己是这个世界的"中心"。人在这个世界"之中"，但并不是"中心"。

而那些被鼓励、拥有勇气的孩子，哪怕他人不会给予自己特别的关注也不会愤愤不平。拥有贡献感，感受到这里有自己立足之地，就得以接受自己。要达成这样的状态，如前所述，需要将他人视为伙伴，而非敌人。有很多人尽管能够喜欢自己，但却不会将他人视为伙伴。实际上，只要知道世界上哪怕至少有一个人是自己的伙伴，孩子一定会发生改变。并且这样的孩子，不仅会解决自己的问题，还会协助帮忙解决他人的问题。因为愉快地接受爱的人，自然也能奉献爱。

正是因为能够这么思考，那些被鼓励、有勇气的孩子在给别人提供帮助的同时，在遇到凭借自身力量解决不了的问题时，也不会认为接受他人的帮助是可耻的。那些被溺爱的孩子肯定想不到的是，世上真的有些事情必须由自己一个人独自承担，对此别无选择。对于自己能独自解决，并且必须由自己去完成的事情，如果还要寻求别人的帮助，自然是不对的。但对于确实自己解决不了的事情，却拒绝寻求帮助，只能说明自己不信赖他人。这样的人不能视他人为伙伴，从这个意义上来讲，不得不说他的勇气是受挫的。

不惧失败

如前所见，那些被鼓励、有勇气的孩子，会成为不惧失败，根据自己的判断来采取行动的人。他们不讨厌帮助别人，和那些只考虑自己，在意失败后会被如何评价的孩子完全不一样。

被鼓励、有勇气的孩子的关注点只放在课题的应对上。但是害怕失败的孩子，最开始可能确实是因为所面临的课题本身太困难所以无法解决，到后来则开始担心如果不能解决课题会被别人怎么看待，从这个意义来看，他们只将目光放在自己的身上。因为害怕得不到别人的好评，介意他人的评价，他们有时甚至会选择放弃。不管这个课题对自己或者他人来说有多么重要。

如果不去面对和解决课题，就可能留下一种可能性：如果当时去采取举措面对课题，课题有可能就解决了。听大人们说"如果你好好做本应会成功"的孩子，不会想要去努力学习。因为相比直面实际上努力学习了却没有取得好成绩的惨淡现实，待在原地，保留只要做就能成功的可能性更加符合他们的期望。很明显这样的孩子是勇气受挫的。

那些被鼓励、有勇气的孩子不会在乎别人如何看待自己，也不会试图通过解决课题来提升自己的形象。他们不是生活在只要做就能成功的可能性之中。即使无法解决课题，也不会通过做出不良行为来吸引父母的关注。父母如果不是特别偏爱兄弟姐妹中学习好的那个孩子，那些意识到无法通过好好学习来获得父母关注的孩子，就会试图通过做学习以外的事情来吸引父母的关注。此时，孩子最关心的并不是能（或者不能）完成课题（学习）本身，而是能（抑或不能）唤起父母的关注。

即使看起来孩子关注的是课题本身的达成，实际上有时并非如此。以学习为例，在谈话的流程中，我们会发现孩子不想承认学习不好这一事实。有的课题的确很困难，有勇气的孩子会从能解决的课题部分开始着手。但是勇气受挫的孩子面对困难（或者看起来很困难）的课题时，会试图寻找出无法完成的理由。因为是A（或者不是A），所以不能B。B是孩子直面的课题。但是不可能完不成B，所以会寻找因为这一理由（A）而不能完成B，并试图证明不能完成B也是实属无奈的。不想上学的孩子，知道只和父母说不想去学校的话不会被允许（也可能会挨骂吧），所以就要给出父母自己不去学校也实属无奈之举的理由，比如说头疼、肚子疼等。当然可能孩子也不是在装病，而是真的疼，父母和学校联系，并且终于可以不用去学校的那一刻，孩子就开始精神振作起来了。这样的情况对于孩子来说，其关注点并不在于课题本身，而是在意如果不去上学的话父母会如何看待自己。并且一想到去学校，老师和同学们知道自己真的学不好，就内心很苦恼，就开始不想去上学了，这其实也是在意他人如何看待自己的一种表现。

在孩子想要请假在家的时候，我会跟孩子说你可以开心快乐地休息哦。结果孩子基本不会向学校请假了。请假的时候我会按照程序给学校打电话。本以为请假时是不需要理由的，但实际操作中我发现有理由请假才会更顺畅一些。"他说今天肚子疼想要休息"，就这样在电话中传达给老师，但老师好像并不能理解我说的"他说想休息"。但是孩子的确说他想要休息，所以我只能这么说。

话说回来，面对课题，从能做的地方开始一点点做起来。这其实就是勇气，哪怕失败了，至少比不去面对课题而选择逃避更令人有所期待。

再者，如果孩子不惧怕被评价、不惧怕失败，就可以从现在这种被视为理所当然的激烈竞争的环境中获得自由。不得不说孩子生活的世界并非完全没有竞争，当然也并非所有的人际关系都是竞争关系。为了不让孩子认为人际关系就是竞争关系，父母有很多待做事项。

平等相待

前文提到父母和子女之间的关系是平等的，可能孩子对此更能理解和产生共鸣。

93 岁高龄的记者，武野武治和一个中学生交谈，这位中学生说："自从我出生，来到这个世界，和大人在一起时，我都被用一种从上向下的、俯视的立场来看待。在家里，父母视我为孩子，在学校，老师视我为学生，邻居们也都视我为孩子。但是遇到了您，您视我为一个独立的人格，平等地对待我，所以我可以和您畅所欲言。在我出生后，第一次不是被当作一个孩子，而是被作为一个独立的人来看待。"

此外，武野武治十分惊异地发现，现在真是出现了在以前都想象不到的年轻人，他觉得知道这件事之后再去世和不知道这事就去世了是完全不一样的。现在的年轻人不被门第、家世、见识、权威所束缚，而是作为一个人去勇敢地和这个世界碰撞。对于这样的孩子，以往的训斥、夸奖的教育已经不再被需要了。认为不对时，勇于提出质疑。即使面对家长的施压，被告知要认清形势时，孩子也仍会提出自己的主张。

第六章

构筑良好的亲子关系

构筑良好的关系

前文我们探讨了仅仅消除现有问题是不够的，指出了传统的训斥、夸奖的育儿、教育方法的问题点，并且提出了取而代之的鼓励式的与孩子相处的方法。本章将以鼓励孩子的相处方式为基础，一起来看大人与孩子之间应该以构筑什么样的亲子关系为目标。各位读者应该已经了解了何为鼓励、如何培养出拥有勇气的孩子。通过思考构筑何种与孩子之间的关系，让我们从不同的视角，一边再次确认前文的内容，一边思考如何与孩子相处。

有很多人来找我咨询过各种各样的问题，其中就有什么样的亲子关系才算好的亲子关系呢？关于这一点鲜有人持有具体的意象。我认为要称得上好的关系，需要具备以下四要素。

互相尊重

尊重人不需要理由。我们和孩子相处时，无论这个孩子是什么样的孩子，都无法终止我们和孩子之间的关系。父母也不能因为孩子今天做了什么，就从此中断和孩子之间的亲子缘分。因此不论孩子现在如何，孩子与父母之间想要构筑良好的亲子关系，希望首先从"尊重"孩子开始。尊重人是不需要理由的。在亲子关系中，绝不是满足一些条件后才会尊重对方。同时也不能因为尊重不需要条件就可以不去尊重。尊重孩子不需要任何条件，尊重就是接受孩子的存在本身，将孩子视为重要的朋友、伙伴一样来尊重，这是一种什么样的状态呢？让我们一起来思考。

在这里我使用了"相互"这一词语，在亲子关系中，父母需要先行尊重孩子。不过即使父母尊重孩子，孩子是否也会尊重父母却不一定。如果孩子尊重我，我才去尊重孩子，这就是一种交易了，而人与人之间的关系绝对不是交易。

"那个人住院的时候，我曾去探望他，但是我住院了，他却没来探望探望我。"

"那个人空着手来的，我去探望他的时候明明带着慰问品，"有一天，一个人这么说。

听到朋友住院了，应该是非常担心，急急忙忙地来医院探望的吧。这个时候应该不是在想自己住院的时候，这个人是否曾来探望自己吧。这种想法不仅限于探望病人。人与人之间的关系，一直都是这样的"一厢情愿",从这个角度来说,可能会有人觉得不公平,但人际关系绝对不是交易。

假如尝试去想错在对方(比如,错在孩子),只要这么想,和对方之间的关系就不会改善。只有那些想要做些什么来改善关系的人,意识到自己现在在做的到底是什么的人,才会先一步而做出改变。有一个微妙的问题是,如果父母是为了让孩子改变而去改变,就和说"谢谢"时是"别有用心",怀着希望孩子下次也做出适宜的行为是一样的。

话说回来,尽管说是相互尊重,但我会先去尊重对方。我们必须要知道,尊重并不是强制的。我们无法想象会有人被命令"请尊重我"之后会真的去尊重那个人。在这个世界上有两件事情无法通过强制而得到,其中一个是"爱",另一个就是"尊重"。关于爱也是一样,我们不会因为听到对方说"请你爱我"就会去爱那个人。

那么具体来讲,我们在说尊重时,到底是在说什么呢?关于尊重,弗洛姆说尊重是一种能力,看见你的本真的样子,知晓你是独一无二的存在,是他人无法取代的存在的能力。有意识地允许你按照自己的风格和方式来成长、发展。希望所爱的人能够成长,这种成长是为他自己,而不是为我,这很容易理解。但实际上能真正这么想,是非常不容易的。"这都是为了你好",这是为人父母者常对孩子说的话，但觉得是否真的是"为了你（孩子）"，真是值得商榷的。心理学家弗洛姆认为尊重是爱的一个要素，爱如果没有了尊重，则很容易成为支配对方、想要占有对方。

父母动辄忘记"孩子是独一无二的存在"这一关键问题。"尊重"一词的英语为"Respect"，其本意是"再一次看见"或者"回顾"。都要回顾些什么呢？"这个孩子对于我来说无可取代""我们的孩子虽然现在和我们这样生活在一起，但是总有一天会分开，所以在分开之前融洽相处吧"……这些才是应该不断回顾的。在每天的生活中，父母真是会常常忘掉这些，只有不断重复回顾，才会真正实现尊重。

看到孩子的本真，并且因为和孩子无法永远都在一起，所以更加珍惜和孩子在一起的每分每秒。此处所说的不能永远在一起，并非悲伤意义上的和孩子的别离。育儿、教育的最终目的是让孩子自立。即使孩子现在还必须在父母的帮助下才能生活下去，但总会希望孩子有一天能够以一种形式离开父母的身边，另起巢穴。这里所说的不能和孩子永远在一起，就是这个意思。

"看见孩子的本真面貌"也并不像理解字面意思那么简单，因为在日常生活中父母总会期待孩子能够这样，或者那样。也许有人会想如果孩子能够像理想中一样顺从、凡事听从父母的、率直天真、听话就好了，但实际上面前只有现实中的孩子。尽管如此，父母还是会想象理想中的孩子的样子。如果仅仅是想象还好，有的父母甚至会根据自己理想中孩子的样子来给现实中的孩子减分。本来孩子生存在这个世上就是可喜可贺的，但这样一来，哪怕孩子做出了再适宜的行为，或者哪怕孩子一点没有出格的举动，都会被父母用理想型来做对比而减分。站在孩子的角度来看，则发现自己无论做什么都无法满足父母的期待。

前文提到的放学后照顾祖母的小学生的父母，他们对孩子承担家里的事并不满意，与之相比，他们更希望孩子能好好学习。如果这个孩子的学习成绩很好，本可以获得父母的关注，但很遗憾的是，实际上这个孩子的学习成绩并不好。

这对父母的理想中的孩子是学习成绩很好，如果眼前的这个孩子学习成绩不好，父母往往就会去关注孩子中学习成绩好的那一个。当然，即使不能符合父母的期待，父母更关注其他的兄弟姐妹，如果孩子自己对此没有任何想法还好，但是如前所见，在这样的情况下，孩子也有可能做出在父母看来有问题的行为。希望父母能尽量避免出现这样的情况。

兄弟姐妹之间通常会产生激烈的竞争关系。即使没有学习成绩的问题，父母经常训斥孩子的话，挨骂多的孩子就输了，不怎么被训斥的孩子则会赢。相对不被关注的孩子一想到父母更加珍视其他的兄弟姐妹，可能会觉得这件事非常遗憾，如果是积极的孩子，可能会通过制造问题行为来吸引父母的关注，而消极的孩子则可能对生活感到绝望。

请父母停止用自己理想中的孩子来和现实中的孩子做比较，给孩子做减法，也请停止将自己的孩子与别的孩子相比较。请从零点开始用做加法的方式来看待孩子吧！可能"零点"这个词语用在这里不一定合适，但是关于孩子，父母往往会控制不住地去想理想型的孩子。希望父母不要这样，而是经常想想孩子光是生存在这个世上就已经很好了，所以用了这个词语。

希望父母能够下定决心，哪怕这个孩子的行为有问题，哪怕是这个孩子身体不健康，哪怕和自己理想中的孩子不一样，都会将孩子作为自己最重要的人对待，将理想型从脑中删除，和这个独一无二的孩子一起生活，和这个孩子融洽相处，从内心尊重孩子，用这样的方式和孩子一起生活下去。希望父母下定决心，不去和自己脑中理想型的孩子作比较，重新认识现在在你眼前的这个孩子。

如果能从这个意义来尊重孩子，也就不会再继续去训斥，抑或是夸奖孩子了吧。如前所述，大人和孩子之间是平等的关系。诚然，育儿和教育孩子的过程中确实存在诸多难题，如果父母能下定决心：我要和这个孩子互相平等、相互尊重地生活下去，其他的很多难题也会迎刃而解。相反，如果不能尊重孩子，即便学习再多育儿和教育方法，也永远无法摆脱想操纵、支配孩子按自己意志行事的心情。

相互信赖

构筑良好的亲子关系的条件之二为相互信赖。在这里也使用了"相互"一词，实际上也是需要父母首先信赖孩子。

信赖是无条件的。所谓信赖，是在没有确信的根据时也可以相信对方。对于选择去相信的一方来说，这是非常有难度的。

有一位哲学老师年轻时教授拉丁语。有一年，这位老师注意到这届学生要比往届都优秀。那年的学生们，无论老师教他们再难的拉丁文，他们都能准确无误地读出来。遇到这样的情况，也许有人会认为其中有什么猫腻吧。实际上这位老师真的没有丝毫怀疑。其实，从那年开始，教科书后面的习题集附加上了参考答案，但是老师却并不知道，而且只有他不知道。这位老师每每都会对学生们说："我能够教授你们这些如此优秀的学生，真是荣幸。"

对于学生来说，因为是照着参考答案回答，所以不出错是理所当然的。但是，老师却丝毫没有怀疑大家，同学们开始觉得心里特别不舒坦。

学生们看老师对自己丝毫不起疑心，他们聚在一起商量，在暑假结束，开学后的第一节课上，和老师坦白了"其实今年开始我们的教科书后面是附有参考答案的，我们是看着答案回答老师的提问的"。

在读高中时，我在暑期上过英文作文的补习班。当时和现在不同，老师还是用刻蜡版（在铺上蜡的纸上隔着砧板用铁笔刻字，可能现在很少有人知道了吧）制作教材，我当时想到这个教材可能会有原本吧。放学后我顺路去了书店，真的找到了印有当天老师布置的英文作文题目的参考书。第二天在做补习班的题目时，我实在忍不住想要看参考书的答案。在写作业之前看参考书的答案肯定不行，但是自己先做完作业，然后再参考答案的话，应该是没问题的吧。我这样想着想着。开弓没有回头箭，一旦开始看了答案就停不下来了。第二天我被点名将作文的解答写在黑板上。看到我的作文的老师说："你的英语很不错。"其实并不是我的英语好，只是因为我看过了参考答案，所以肯定不会出错了。因为没有被怀疑，我的心里反而不舒坦了，就像刚才拉丁语课上的学生们一样。

恐怕刚才提到的老师们实际上并非没有发现学生们的不当行为。无条件地相信是很难的，但是几乎没有人会去背叛一个纯真的、一直无条件信赖自己的人吧。正常来讲我们无法如此信赖一个人，总会忍不住对那些从明天开始学习的孩子说："你就是嘴上说说而已，只是动嘴"。就像你对朋友和家人宣称要节食减肥的时候，对方说"这样的话我都听腻了"，你也一定会生气吧。

我的母亲一直无条件地信任着我，对此我至今仍然非常感激。我在大学选择的是哲学专业，听说父亲对此是持反对意见的。因为我的父亲从来不直接和我说什么，所以我是后来听母亲提起才知道的。原来父亲希望我能走上和普通人一样的人生轨迹，希望我能获得成功。想不到我竟然会选择哲学这样的专业，他一定会觉得很荒谬吧。母亲是我强有力的同伴。

信赖什么：课题的达成

我们说信赖孩子的时候，到底在说要信赖什么呢？其一是要相信这个孩子能够完成课题。

经常有家长来咨询我，孩子不学习该怎么办呢？我一般会这样询问前来咨询的家长。

"假设孩子不学习，这件事最后的结果是由谁来承担呢？最终谁会苦恼呢？"

我这样询问后，很多家长在理解了这句话的含义后，都会不太自信地回答："孩子"。显而易见，因为不学习，最终苦恼的是孩子。如果咨询者自信满满地告诉我"是家长"，那苦恼的可就是我了。有一说一，一定会有家长认为孩子不学习苦恼的是家长吧。孩子不是为了父母在学习。我们还是孩子的时候，是不是也曾想过是在为父母而学习呢？或者是为了不被父母训斥而学习？或者是希望得到父母的夸奖而学习？

某件事的后果最终会降临在谁的身上，或者某件事最终必须由谁负责，考虑清楚这一点，就知道这件事到底是谁的课题了。学习是谁的课题呢？不学习带来的后果最终只会降临在孩子身上，只会令孩子苦恼，因此可以说学习是孩子的课题。

刚才提到我的父亲曾经希望我能走上和普通人一样的人生轨迹。但是孩子到底要度过什么样的人生，是孩子自己的课题。因为孩子选择了某种人生就一定会带来苦恼吗？显然不是的。无论发生什么，都应该由孩子自己来承担相应的责任。我并不认为在父母插手孩子的人生时，就可以把相应的责任揽过来承担。假设父母向孩子提议，去这所学校怎么样，去从事这份工作怎么样，然后孩子遵循了父母的想法。当然，如果父母只是提议了（有时可以说已经超越了提议的范围而是赤裸裸地强制了），照做的是孩子，所以无论发生什么，孩子都必须承担责任。如果孩子事后和父母说，我本来想要去读别的学校的，我本来想做些别的，现在我的人生停滞不前，所以责任必须由你们来承担。家长是不是会无法畅怀，感觉委屈、为难和苦恼呢？有一个高中生的父母执拗且烦琐地指导孩子的升学问题：这个大学好，不能去那个学校等。这让他感到束手无策，有一天他和家长说了这样的话："如果我听从了父亲的想法，去读父亲推荐的大学，但是四年后我想到如果当时没来这个大学，那个时候我会恨爸爸一辈子，这样也没关系吗？"我们可以想象到这位父亲无言以对的样子。

　　但是，孩子不学习属于不良行为吗？我几乎在整本书中都使用了"在父母看来有问题的行为"这一表述。某一行为到底是不良行为，还是不适宜的行为，抑或是不正确的行为，我们一直没有给出一个明确的说明。在此明确定义一下，对于"共同体（家庭、职场、学校、地域）"来说，具有破坏性的行为就可以称之为不适宜的行为。"具有破坏性的行为"指的是实质上给他人带来麻烦的行为。因此，哪怕被认为是不体面的行为、不良行为，如果没有给他人和社会带来麻烦，也未必就是不良行为或者不适宜的行为。就刚才举出的学习的例子，不学习这件事算不上不良行为、不适合的行为。但有的父母看到孩子不学习一定会焦躁吧，但他们焦躁的不是孩子的课题，而是父母的课题。也就是说，即便焦躁的原因是孩子不学习，这个问题也必须由父母自身来解决。

恰如这样，行为的结果只要不会对他人造成破坏性的影响，则不能称之为不适宜的行为。既然如此，是否只要对共同体没有破坏性的行为都是适宜的行为呢？其实并不是。比如，不好好学习只会对本人产生困扰，而并不会对他人产生实质性的影响，所以不能被称为不适宜的行为。但是虽说如此，不好好学习也绝对不能被称为适宜的行为。我们将这样的行为称为"中性行为"。父母和老师又常常会把这些中性行为贴上"问题行为"的标签。比如：不好好学习、丢三落四、迟到、染发……

如果这样一想，对于给共同体带来破坏的行为，可以将其视为问题，并且有要求其改善的权利。但是对于中性行为，则需要尊重本人的意愿，父母无权在没被委托的前提下去介入。

举个例子，有的孩子只是把自己的房间弄得很乱，父母则并不能理所当然地命令孩子"把房间收拾整齐"，或者说，如果要说出来是需要一定的"手续"的。在我们谈论不关注不适宜的行为时，并不是指此不适宜行为实际上对共同体来说是有破坏性的行为，而常常指的是中性行为。也就是说，与其说是不要去关注这样的行为，不如说是没必要关注，显然更确切一些。

父母往往会要求孩子改善行为，哪怕是中性行为，或者至少会抱有期待，期待孩子能够改善。刚才我们举例中的孩子只把自己的房间弄乱了，如果这个孩子弄乱的不只是自己的房间，还弄乱了客厅等公共空间的话,则另当别论了。后文中会就此说明。我在一个学校做讲座时,讲座结束到了问答环节,有一位老师提问了,"请看看这些学生们。大部分的学生都染发了吧?您对此怎么看?"提问前我一点也没有留意到,对这个问题我很为难。如果我回答:"我觉得没什么不好",学生们一定会开心,但是老师则一定会不愉快。本来这也不是由我来决定是"好"与"坏"的事情,而且我也并不在意学生们染发这件事。之前有一位年轻的日本奥运会选手,而且还是奥运金牌获得者染了头发,并且被广泛热议。出征法国世界杯的选手在回国时,也被记者问到:"您现在的发型和世界杯比赛时的不一样了",这位选手应答到:"这和足球比赛有什么关系吗?"我听了之后觉得这位选手很靠谱。时至今日,已经很少会有人因为染发而去责难人,这种问题已经很有时代感了。

到底是问题行为、不适宜的行为,还是中性行为,只要思考是属于谁的课题,就能马上知晓。课题分为"我的课题",以及必须由对方解决的"对方的课题"。

中性行为,并非我的课题,而是对方的课题,所以不可介入。也许你会觉得这样的思考方式很冷酷,和传统的思考方式水火不相容。但实际上,人际关系的纠纷中,大多时候是因为自己不经允许就擅自踏入对方的课题领域所引发的。在现在的家庭关系中,真的是有太多课题分不清楚到底是属于谁的，错综复杂。在心理咨询中，咨询师会明确咨询者的课题归属，可以说咨询过程中始终在做课题的分离。我们有必要认真思考：谁会困扰……即使困扰，是本质上的困扰吗？只要解决了这一点，问题也就迎刃而解了。正确来讲，本来以为是问题，但是通过明确课题的归属，会清晰地意识到这并非是自己的问题。

儿子读保育园时经常说："不要溺爱孩子"，恐怕我没有当着儿子的面使用过溺爱这个词语，我问他："溺爱是什么意思呢？"儿子回答我说："就是去做并没有被拜托的事情。"对此，我十分惊讶。踏入孩子的课题领域，结果就是溺爱孩子，让孩子变得没有责任感。哪怕是自己的决定，也会推诿到父母身上，从需要父母来承担其失败结果的意义上来讲，应该没有父母希望孩子成为无责任感的人吧。

学习既然是孩子的课题，很遗憾，即便是父母，也不能赤足踏入孩子的课题领域。作为一个大人，被别人说这说那之后也会心情变得糟糕吧。因为太希望孩子能好好学习，尤其是在发现孩子并没有如父母期待的一样学习时，父母就会对孩子说："学习了吗""快点学习"。但学习是孩子的课题，本来父母是不应该这么过问的。如果父母信赖孩子，有将学习的事情交给孩子自身的勇气的话，可以说父母就无须再多做什么了。实际上，我从未和孩子说过"好好学习"这样的话。

此外，早上孩子赖床时，父母会叫醒孩子，其实早起也是孩子自己的课题，父母本不应该去叫醒孩子。尽管如此，父母还是要去叫醒孩子，这是因为父母认为不叫的话，孩子自己肯定不会起来。但实际上并没有孩子会因为父母不叫他而不起床。那些平常一直赖床、经常上学迟到或者不去上学的孩子，如果放假和朋友们相约一起出去玩，哪怕父母不去叫醒他，他也会早早起床并且以最快的速度出门。他们并不是早上起不来，而仅仅是不想起床。

一旦父母承担起早上叫孩子起床的责任，孩子还可能会认为自己并没有得到信赖。假设有一天因为父母早上没起来，孩子自己也没起来的话，孩子很可能把自己没有及时起床的责任推到父母身上。

另外，关于忘带东西这件事，除去很小的宝宝做不到之外，其实也是属于孩子的课题。父母会每天检查小孩子是否忘带东西。因为父母帮忙检查，孩子当然就不会忘带东西。但是可能突然有一天，父母疏忽大意忘了检查，或者因为早上真的实在太忙了，根本无暇检查。如果孩子说出："因为今天妈妈（爸爸）忘记检查，我才忘带了"，那么相信很多没有学习过"课题"这个词的人也会说出："避免忘带东西应该是你自己的课题吧"之类的话。

有些父母会说，我家的孩子如果放手不管的话一定不学习，早上不叫的话他自己不会起床……将本来属于孩子的课题，变成父母和子女的"共同的课题"。其实这也并非不可，只是需要一定的"手续"。有的人会说如果能这样，希望你早点告诉我。我至此一直尽量不提设立"共同的课题"这一方法，是因为想要避免一些家长误认为本属于自己或孩子的课题，都可以变成"共同的课题"，从而对孩子的课题进行不当的介入。

即使父母并不介入，孩子依靠自己也能解决大部分的问题。曾经发生过这样的事情，儿子就读的小学要求孩子在暑期的返校日（日本学校的暑假期间会有要求返校的日子）提交暑期作业，那一天必须要提交暑期一大半的作业，为此如果不每天都完成一些，应该是来不及的。

但是那个夏天，我完全没有看到儿子有要写作业的想法。严格来讲，他好像只在暑期的前两天做了一些习题。京都每年都会举行地藏盆节（8 月 22 日和 23 日是京都的地藏盆节，人们为了祈祷孩子健康地成长，在地藏尊前点燃灯笼，摆上点心进行供奉）的庆典活动。孩子们聚在一起，在这里抽签、钓金鱼……玩得不亦乐乎。儿子在那里碰到了同班同学，才想起来第二天是返校日。

作业基本没有着手，但是第二天却必须要提交。遇到这样的情况，该怎么办才好呢？我想如果是我的话，可能会选择请假吧。

实际上也有很多孩子会以旅游为理由而请假不返校。也有孩子虽然会返校，但是不交作业。能够按照要求，在返校日这一天提交一大半的作业当然是最理想的，但我并没有觉得这是唯一的选择。

和我预想的相反，儿子选择了返校并完成作业这一选项。他从晚上 9 点左右开始写作业，12 点多开始犯困了，便哭着说："我太困了"。

但哭过之后，他一直坚持着写作业直到第二天早上。我也和他一起在厨房的桌上工作，惭愧的是我在半夜三点多先于他而睡着了。我因为工作的原因通宵熬夜并不稀奇，但是在我像儿子这么小的年纪时，真没有过为了完成作业而通宵的经历。印象中，在我小学六年级的时候，有一天班主任打来电话说希望我写一篇读后感参加竞赛，明天一早提交，那天我真的是写到很晚，但是也没有彻夜不眠。

第二天早上我起床时，看见儿子一边吃饭一边还在写作业。随后，他带着努力完成的作业，像往常一样说了句"我出门了"，就全力奔跑着冲去门外。回家的时候大概是中午 12 点了，回家之前他应该是又去泳池游泳了。他进门后说了句"太累了"，躺在床上就睡着了。

让孩子通过体验来学习，这种想法固然很好，但仅限于不会造成恶劣结果的情况。孩子真的跑到道路上谁也无法料到会发生什么，所以在这种情况下就不能让孩子通过体验来学习。但是排除这样的危险情况，还是希望孩子能够通过亲身体验来学习，哪怕是失败，也能从中学会以后如何避免失败。

儿子以前一年四季都穿着短袖去上学。冬天去保育园的路上，好几次我都因为儿子穿得太少而被围观、指指点点。如果是母亲带着孩子，给孩子穿得很少的话，大家可能会觉得这是母亲的育儿理念。但是我这个父亲在冬天骑自行车送孩子上学，孩子穿得很薄，又没穿鞋，社会公众则是不能容忍的。其实我知道儿子一定切身体验过冬天因穿薄的衣服而感到寒冷，所以他会在特别寒冷的日子为自己选择厚的衬衣穿。既然育儿的目标是帮助孩子自立，我认为父母不应该在孩子采取行动之前先行发号施令。

以上举出的例子均为可以预想到孩子会失败或者会困扰的情况。其实有时候父母会过分焦虑，担心孩子的行为不仅会给其自身和家庭带来问题，有时甚至会给周围的人带来麻烦。就像前文中，那个担心 3 岁的宝宝在心理咨询的过程中不会安静地等待的母亲一样，真的有太多的父母不能信赖孩子。这种担心有时真的是杞人忧天。也许以前这个孩子确实有过不能安静等待的时候，但是谁又能断定这次也不可以呢？在父母想着这次也一定不行，一定会失败的时候，已经传达给孩子自己不被信任的信号了，大人对孩子抱有的这份不信任感，非常可能对孩子的行为产生影响。让孩子也开始像大人一样，预想到自己做不到，当自己真的做不到时，孩子就会逐渐地丧失自信了。在下次遇到同样的情况时，孩子想的可能并不是要努力达成目标，而是坚信自己做不到。如前文所说，孩子此时不再将大人看成自己的伙伴，不再信任大人。我们很容易预测到孩子将会做些什么，之所以这么说是因为孩子清楚地知道如何令大人为难。相反的，如果大人信赖孩子的话会发生什么呢？尽管孩子也还是有可能会故意做出些让大人为难的行为，但是背叛一个一直信赖你的人其实也非易事。

有一年，我去了一趟国外。在回国的飞机上，我旁边坐着一位女士，她带着两个小男孩儿，他们看起来应该是还未上小学的年纪。这次我想的不是孩子是否能在 1 个小时的咨询时间内安静等待，而是孩子们能否在 12 个小时的航程中安静地乘坐飞机，我给出的答案是否定的。那么，这两个男孩在去往日本的这 12 个小时的飞行中安静地乘坐飞机了吗？当然，既然我提出了这样的问题，一定是因为答案是不符合常理的。实际上，这两个男孩不仅没有在飞机内吵吵闹闹，甚至都没有半句牢骚的话，我只看到几次三个人一起去洗手间。我不知道这三个人来自哪个国家，因为他们交谈时所用的语言我从未听过。印象很深刻的是，母亲在和孩子说话时用着窃窃私语的很小的声音。也许有读者猜想她只是在乘坐飞机时会小声说话，怕影响到其他的乘客，但是我认为她平时应该就是心平气和地和孩子们相处的。

虽然我几乎没有带孩子外出过这么长时间，但因为担心孩子在地铁上不安静，在出发前一直踌躇、不想出门的经历我也有过。在和孩子一起外出之前，父母有必要和孩子之间建立信赖关系。出门前就认定孩子一定会吵闹，这是不妥的。

这里对前文所写的相关内容做一些补充，尽管有时让孩子自己做或许会失败，由父母来做能更快、效果更好，但我希望父母不要剥夺孩子做贡献的机会。希望孩子感受到贡献感，经过不断的练习，孩子一定会掌握要领。

信赖孩子是需要勇气的，无论如何，希望大人能做到不要插手，在旁守护。但是，在此之上我又希望孩子能够知晓：实际上，人是无法独自生存下去的，无法凡事全靠自己一个人解决。为此需要互相帮助、相互合作、共同生存下去，这是无法逃避的。

严格区分课题的归属，划清界限，说"那么，我来过我的人生，你过你自己的人生吧"，这也很令人困扰。理论上自己的课题必须由自己来解决，但是很遗憾的是，我们的能力是非常有限的，自己所面对的课题无法全部由自己一个人解决。现实生活中，我们经常想要凭借自己的力量去解决自己面临的课题，这虽然并非不可能，但是真的非常困难。强烈地想要只凭借自己的力量解决问题的执念也很令人无奈。

在现实生活中，一个人必须接受他人的帮助，或者相反，必须帮助他人。共同体的全体成员，或者一部分成员，需要共同联合起来解决问题的场景是很常见的。

因此，在"我的课题""对方的课题"之外还存在"共同的课题"：以在旁守护为基本，在孩子解决不了时出手，提议作为双方共同的课题，表现出想要提供帮助的态度。

然而，并不是所有的课题都可以成为共同的课题。本属于个人的课题，需要本人承担起责任来解决。要设定为共同的课题，首先需要有当事人希望设为共同的课题的委托，需要对方了解并同意将其作为共同的课题。也就是说，需要双方或者数名当事人的知情和同意。何为我的课题，何为对方的课题，这很容易区分。但是要设定为共同的课题，需要各方进行如下这样的商谈。

以学习为例，这本来是孩子的课题，如果要成为父母和孩子共同的课题，可以这么交谈："最近看你的学习状态好像不太好，我们能就此谈一谈吗？"但是，即使这么说，可能很多孩子也会拒绝父母想要将学习作为共同的课题的"好意"。很遗憾，这时候父母无能为力。但是父母至少可以跟孩子说："事态可能并不如你想象的那般乐观，我随时都乐意为你效劳，需要我的时候请一定找我。"这样的话还是可以说的。

和孩子说:"如果有我能帮上忙的地方就说话。"如果有需要父母做的,孩子会来和父母说吧。我认为如果孩子什么也不说的话,父母最好还是不要擅自行动。

如果父母提出来为孩子的课题提供帮助,孩子接受了,这时本来属于孩子的课题,就变成了孩子和父母共同的课题。但是很多父母会以为凡事皆可设定为共同的课题。我认为设定共同的课题的提议最好不要由父母一方提出,当然也不排除有的孩子在等待父母提供帮助的情况。父母如果和孩子说:"如果有我能做的就和我说",大部分情况下,孩子有需要时都会来求助,要是父母平时没有和孩子建立良好的信赖关系,孩子就有可能不会来向父母求助。当然从另外一个角度来看,这也是帮助孩子自立的一种形式。

就我的经验来说,如果可以帮助孩子做些什么,父母可能会心满意足。但实际上很多时候父母并不如自己想象中一样被孩子依赖。我想起儿子一直学不会骑自行车的时候。很多孩子到了一定年纪,就会开始骑自行车。我本人也是没有经过什么深入的思考,就开始练习骑自行车,最开始用两个辅助轮,然后变成一个,最终卸掉辅助轮,我很清楚地记得当时根本没有父母的辅助。我本来想孩子应该都是这样的吧,但是儿子一直没有提出来想要骑自行车。他没有顾及家长的担忧,说:"没关系的,因为大家都会过来找我玩。"那个时候我们住在郊区，离市区较远，的确有很多孩子骑着自行车，从远处来找他玩。

有一天儿子突然提出想要骑自行车。当时他的一个好朋友转校了，他想去好朋友的新家找朋友玩，这是他学自行车的动机。在那之后他认真练习，最终可以自由自在地骑自行车了。我曾经担心这个孩子会不会就这样直到长大都不会骑自行车，但是这样的事并没有发生。

如果孩子请求帮助，希望大人能够尽最大可能提供帮助。如果此时跟孩子说这是你的课题，需要你自己解决，我觉得太冷漠了。当然，我并不是说孩子有任何的帮助请求，都必须全盘接受，实际上也有很多事儿是父母也做不到的。但是只要能做到，我就会最大限度地接受孩子的请求，并提供帮助。

设定共同的课题，终究是为了赋予孩子凭借自己的力量解决自己课题的能力。大人需要时常提醒自己，这一切绝不是为了父母可以支配子女。

有一次在出发去保育园前，我忘了是我还是儿子，突然想起来今天保育园有生日会。生日会因为是特别的日子，所以可以不用带便当。但是我们两个人完全把这件事忘到脑后了。

此外，周一的早上我们也经常会忘带物品。周六带回来的拖鞋、被子必须在周一的早上带回去，但是我们也经常忘记。当然为防止忘东西，我们也花费了一些心思，比如提前放在书包旁边等，但仍然会忘。光想着前一天买的新鞋，注意力都在那上面，想着穿鞋的工夫，就彻底忘掉了拖鞋的事儿。不知道是否可以说容易忘东西的孩子注意力更集中。

我听说过老师会认为孩子忘带东西的责任（在本书中可以称为课题）在于父母，其实不忘带东西，是孩子的课题。假如父母忘带了，孩子对此进行提醒，这样也可以避免忘带东西。但其实孩子一般也会和大人一样想不起来。刚踏进保育园的门口，如果突然发现"哎呀，没带书包"，真是一下子就无精打采了。当然，我们要求一个一岁的宝宝自己别忘带东西是不现实的，他一定是需要父母的帮助的。但是我们经常会看到孩子到了能够自己管理随身物品的年纪，却做不到自主管理。对此，父母认为这不只是孩子的课题，进而进行过度干涉。父母踏踏实实地，努力做到不忘带东西，的确会减少丢三落四的概率。但是，孩子会变得依赖父母，把这个课题全权交给父母，忘带东西时会把责任推卸到父母身上。

儿子上大班时，有一个星期一的早上忘带拖鞋了。如果那天没带拖鞋，他就要光着脚活动一天。因为在保育园 3 岁之前的孩子不需要穿拖鞋，所以实际上儿子并没有特别地为难。那些从 1 岁左右上保育园的孩子，开始使用拖鞋时，最初也都不想穿，老师们对此也很头疼。

儿子忘带拖鞋的那天，他拜托我"能不能再回去帮我取一趟"。因为骑自行车也要十几分钟，我有点犹豫。但那天正好时间允许，所以我接受了儿子的请求。我把拖鞋给他送过来时，他非常开心。结果后来又有一天，儿子又忘记带拖鞋，那天他也拜托我回家去帮他取一下。但是我必须从保育园直接骑车到车站，没有再回一趟家的时间了。我给他解释了一番之后，他爽快地接受了，"好的，我知道了"。

即便是经常丢三落四的孩子，面对真正重要的事，也一定不会忘记。就和孩子们在郊游的前一天会早睡，以确保第二天早上会早起一样。

有一天，他们从保育园出发步行去相距一个小时左右路程的体育馆。那天儿子忘记带保温杯了。其实本来都准备好了，但是出发去保育园时忘记带上了。我送完儿子回到家后立刻注意到了，但是因为要去大学讲课，所以没法给他送过去。那天，我等儿子回家想看他对此事的态度，但是，他全然没提这事儿。我漫不经心地谈到保温杯的话题，他回答说："啊，你说保育园的时候吗？我分了朋友的茶水喝。"他好像一点都没有犯难。虽然忘带了保温杯却能让朋友分享茶水给自己喝，这也是他的一个才能吧。

保育园的黑板上，经常会写着忘带东西（比如手帕）的孩子的名字。这在小班十分常见，我觉得老师这么做的目的，与其说是为了孩子，不如说是为了让看到的家长感到羞愧，并督促他们不要再忘带了。

除此之外，有很多老师会让孩子之间"竞争"，对此我十分惊讶。有的老师会制作身高体重的一览表，孩子的身高、体重多少一目了然。但是看这个表格，我完全无法理解老师期望孩子做些什么。难道目的在于让孩子比着快点长大吗？抑或是想威胁不爱吃校餐的孩子，不好好吃饭就没法长高呢？

孩子不好好学习，父母确实会担心。但是希望孩子好好学习，是父母的课题。如果不明确这一点，就容易在帮助孩子或者协助孩子的美名下，简单粗暴地支配孩子。父母在说"为了你好"时，有可能只是以爱为名的支配。在说担心你时，有可能说的是想要摆脱这份担心，或者是通过这样说，来按照自己的想法操控你。父母不能通过这种方式让孩子来解决自己的课题。

在孩子看起来很消沉，但是却什么都不和父母说的时候，请不要去惊动孩子，这很重要。如果父母去和孩子说"你看起来好像很艰难"的话，孩子会觉得自己无法一个人克服困难吧。

不了解孩子在做什么的确是个问题，但即便此时也希望父母能够让孩子自己解决问题，有意不插手、不插嘴，直到孩子真的需要帮忙时一直默默守护。这样的勇气，希望家长们都能拥有。

孩子要面临诸多无法回避的人生课题。在这样的课题面前，父母首先需要帮助孩子树立信心，相信孩子具备相应的能力。一个没有自信的孩子，很难期待他只对学习特别有信心。学习，在孩子今后要面对的人生课题的长河中，并非庞然大物。当然，只有在时过境迁，回过头看时才会这么认为。在每天都和学习格斗的学生时代，学习一定是横亘在孩子面前的一座难以逾越的大山。希望孩子能够成长为这样的人：不仅仅是学习，也不会逃避其他的人生课题，拥有勇敢面对一切人生课题的自信。我认为如果是这样的孩子，一定能够扎实稳健地学习。

我这样说是有原因的。有很多读者的孩子可能离升学考试还很遥远。毫无疑问，备考生也是家庭成员之一。备考生被给予特权，孩子觉得自己只要学习就好，如果父母也认同孩子的这种想法则很容易引发问题。希望家长能提前打好预防针。如果有的孩子只学习（当然实际上可能在考试前，孩子只有不像父母想象中的一样努力学习时才会被看作是有问题的），这就和"工作中毒"的大人、一心沉迷于恋爱之中的年轻人一样，对所有其他事情都漠不关心。表面看起来一心忙于工作的人，好像没有精力和时间思考家里的事，但实际上并不是这样的。其实这些人除了工作什么都不想做，以工作忙为借口，逃避其他的事情。

孩子也是一样，如果父母营造出为了备考，孩子需要将全部精力和时间放在学习上的氛围，孩子也就必须要学习了。但这可能会造成孩子对于学习之外的事无法做好，甚至孩子很有可能连学习也学不好。父母难道不会为此而头疼吗？

我认为，父母首先应该明确，孩子作为家庭的一员，可以并且应该为其他成员提供帮助。有的父母可能会想，不，现在不需要。但是请冷静地想一想，即使孩子在一次考试中成功了，取得了理想的成绩，但是在他接下来的人生中，有各种各样的课题在等着他，而且这些课题有可能比考试还要难。如果孩子不学习如何合作，没有给他人做出贡献的机会，面对这些课题时，孩子很有可能会勇气受挫，丧失信心。因为人生面临着各种课题，只有协力合作才能解决。

当然，我并不是说孩子可以不学习。我想表达的是，不能因为是备考生就"特殊化"，孩子应该和父母、兄弟姐妹之间建立良好的人际关系，作为家庭内部的成员之一同其他家庭成员团结协作，能做到这一点，学习也会进步。因为只有通过共同协作，感受到自己是对他人有帮助的孩子，才能喜欢上自己，才会拥有解决自己的课题（包括学习在内）的自信。如果没有自信，可能孩子就没有勇气面对眼前的考试。为了避免这样的事情发生，希望父母一定要培育孩子的自信心。前文中我们一起见证了简单的训斥激励法并不会奏效。父母口不择言，很容易令孩子的自信和勇气受挫。

还有一种情况可以设立共同的课题，即在孩子所做的行为对共同体具有破坏性时。如果孩子只是弄乱了自己的房间，这就是中性行为，这样的行为并不会给其他人造成困扰，所以没有必要让其收拾房间。但是，如果孩子把客厅等公共空间弄乱，则另当别论了。

有一次我的父亲想要打电话，儿子当时正在看电视，音量很大，我的父亲突然走过来关了电视。我认为这样的情况下父亲应该先征询一下孩子"是否可以把音量调低呢"这样的意见。

另外，有的父母会想，因为是孩子自己拿出来的东西，所以必须由孩子自己收拾。其实只有父母不再这样思考时，与孩子之间的关系才会更融洽。

有一天我的朋友来找我玩。到了吃晚饭的时间发生了一件令人头疼的事。儿子用塑料轨道搭建完成了一个长长的轨道，这个轨道太大了，遍布整个屋子。如果不收拾起来，就没办法用餐。

朋友这么和我儿子说：

"能帮忙把轨道收起来吗？"

儿子回答说：

"不行。"

"我们来收拾可以吗？"

"好呀。"

然后，朋友对我儿子说：

"哇哦！咱们可以一起收拾。"

然后两个人开始一起快乐地收拾起来。令我惊讶的是，儿子可以一起帮忙收拾起来。

如果什么都不和孩子说，父母直接开始收拾孩子拿出的玩具的话，孩子会理所当然地认为，自己的有始无终，会有大人来给收拾，会给擦屁股。孩子会变得没有责任感。但如果先跟孩子提出由孩子自己来做的要求，就不会产生这样的结果。慢慢地，如果共同的公共空间被弄乱，不管是谁弄的，先注意到的人就会开始动手收拾，他们会学会这一点。不久后，在很多家庭都会发生的是，孩子开始会指出父亲的很多行为，说"真是没办法，西装脱完就这么乱放，报纸就这么敞开放着，这可不行" 等。

这样来看，父母收拾孩子拿出的玩具也未必尽是坏事。这里的课题是 "保持公共空间的清洁"，而不是 "由谁来打扫，由谁来收拾"，更不是 "父母和孩子谁更强"。和孩子吵架并获胜，真的毫无必要。要紧的是房间变得整洁了。

本来，收拾整理并不是令人生厌的事，原本应是快乐的、愉悦的事。不想收拾房间的人可以说是因为没有感受过其中的喜悦感。提出要求的一方是不是也认为收拾房间是一件讨厌的事呢？自己讨厌的事，别人应该也是讨厌的。如果怀着讨厌的想法去拜托别人，那种不快也会传递给对方。在前面的内容中，朋友 "看起来很愉快" 地开始收拾是重点。

与此相关联，家务活并非白天在家的主妇（主夫）的工作，面对白天外出的配偶和孩子，可以对他们说："你们白天没能做家务。但是现在在家，所以也可以做些家务"。

下面讲一个朋友的故事。有一天他女儿吃饭的时候勺子掉在地上了。女儿拜托说 "帮我捡起来"，妈妈听到后马上就要帮她捡。看到这里，爸爸在一旁发话了："你自己弄掉的，所以你自己捡起来。" 妈妈听到这话后就有点动摇了。于是这个勺子在朋友家的地板上放了三天三夜。从那以后，朋友只要一看到勺子就唤醒内心不好的回忆。

我问他："（拒绝孩子的请求，不帮孩子捡勺子）是不是也很耗费精力呢？"他回答我说："嗯。"其实孩子已经请求大人说"帮我捡起来"了，如果是我的话，就不会无端耗费这样的精力，而是爽快地帮她捡起来。

面对孩子无法通过亲身体验结果来学习的事该怎么处理呢？在这样的情况下，可以通过交谈促使孩子预测结果，至于是否停止这种行为则交由对方判断。就像"如果横冲到公路上，你觉得会发生什么"这样的事情。如果直接告诉孩子结果，告诫孩子不要那么做，孩子则有可能反抗，甚至采取不适当的行为。因为他们觉得如果遵照父母所说的就输给父母了。

在孩子上小学后父母完全可以使用这一方法。因为 5 岁以下的孩子，还不具备预测结果的能力，所以不能使用。另外，孩子的逻辑有时候和大人的是不一样的，这一点也必须注意。

我的朋友有一次问一个 4 岁的女孩："你觉得兔子和乌龟谁更厉害呢？"考虑了一下之后，她回答说："是兔子！""为什么会这么想呢？"她的回答很明快："因为兔子睡了午觉呀。"那时候这个宝宝正在读保育园。

有一个孩子从公寓的八楼纵身跳下，庆幸的是他得救了。当被问到自己到底为什么要这样做时,他回答说:"我本来想跳下去也不会有事"。听说从他很小的时候起,只要从有些高度的地方向下跳,就会被母亲以危险为由而阻拦。当然我并不是说孩子受伤也无妨。但如果父母不这样过度保护孩子,阻拦孩子的行为,孩子亲身感受过从什么高度跳下来会给身体带来什么样的冲击,就会知道不能从这么高的地方跳下来。这是一个比较极端的个案,但从中我们可以看到孩子的执念之强。孩子会在父母视线所不及的地方做出危险的行为,想要完全避免孩子做出危险的行为是很困难的。如果这个孩子有过一次从和自己身高差不多高的地方跳下并伤到脚的经历,我认为他一定就不会从八楼跳下去。

有一天我去大学参加会议,儿子也一同前来。当时,儿子和一个女孩的注意力被电梯吸引了,他俩一起坐电梯上上下下地玩耍。儿子想要分享这份快乐,还邀请了妈妈和他一起玩。妻子觉得很为难,但是还是接受了一次邀请。在电梯中她说:

"如果现在地震了,我们可就会被困在电梯里面至少一个小时哦。"

听后儿子就不玩了,妻子的这种处理方式也可以说是通过交谈让孩子预测到行为产生的结果。虽然并不知道是否真的会发生地震,但这也绝不是谎话,是帮助孩子提前预测行为产生的结果。但这种说话方式毫无感情,听起来更像是威胁。

朋友听说了这件事后说道，如果是我的话，我会告诉孩子这会给别人带来麻烦，希望他能停下来。诚然，如果真的发生地震了很糟糕，这是事实。但是从概率上来讲，这种事情是很少会遇到的，通过预测其行为产生的结果来阻止孩子在电梯玩耍，非常不公平。我非常认同朋友的想法。

不给别人添麻烦这一点很关键。乘坐公共交通时，我们也要一直不停地提醒孩子这一点。坐车时孩子的脚晃来晃去，会经常碰到前面座椅的椅背。有一次朋友坐车时，就遇到了这样的情况。他提醒了这个孩子停下来。然后，在孩子旁边坐着的父母开始训斥孩子。朋友肯定不是为了让孩子的父母责骂孩子而提醒孩子，更不想听到父母跟孩子说："前排那个大叔会骂你的，快停下来"。而且孩子如果是因为害怕会被责骂所以才停下来的逻辑也不正确。应该让孩子知道无论做什么，并不是没有被责骂，没有被发现就万事大吉了。

学会这一道理的当天我没有碰见孩子乘坐电梯上上下下地玩耍。假设我遇到这种情况，我想我会告诉孩子，如果你的使用目的不是电梯本身存在的目的，那么希望你能停止这样使用。因为这样做会给其他人带来麻烦。虽然当时大学校内人很少，可能实际上孩子的行为并没有给他人带来麻烦，但哪怕是有可能给别人添麻烦，也不应该认可这种行为。刚才的例子中预测的行为产生的结果是在电梯中玩耍有可能被困在里面，我并不推荐。一般来讲，关于行为产生的结果的预测，我推荐可以唤起积极的意象的预测。有一次，儿子第二天要去郊游，可是前一天晚上却怎么也不肯入睡。这时候如果跟他说："现在不好好睡的话明天会没有精神"，他的确可能会照做，但是很可能会让孩子对郊游失去兴致。我认为最好的预测是帮助孩子持有积极的意象，比如可以跟孩子说："如果早点入睡，明天的郊游就会精力充沛，元气满满，一定会很开心！"我清楚地记得那天他明明在那磨磨蹭蹭，听我这么说完，他立刻就开始准备上床睡觉了。

曾经在电视上看到孩子在泳池溺水的场面。我当时并没有特别在意，但是儿子好像受到了很大的打击，持续一周的时间一直在说："我想忘了那个画面，却怎么也忘不了"。在那之前，儿子洗澡时会在浴缸里潜水、玩很长时间，但是自从看了这个画面，他洗完澡后立刻就出来了。保育园里也开设了游泳课，他当时应该也很犯难吧。不过庆幸的是，他很快就又重新返回开心地洗澡的状态了。这其实就是对结果的预测过度的案例，对结果的预测以威吓的方式被接受了。

对于青春期的孩子来说，"如果那么做的话，你觉得会怎么样？"这种问法本身，在孩子看来可能已经具有攻击性的意味了，所以父母不太适合这样问孩子问题。亲子之间是横向平等的关系，如果双方能够不情绪化，冷静地交谈，这样问也并非不可行。但更多的时候这种问法会被孩子理解为讽刺和威吓。育儿的目标之一在于构筑一种亲子关系，即转变观念，父母即便能预测出结果，也绝不借此来讽刺或者威吓孩子。

如果预测出的结果并不是特别恶劣、致命的话，可以让孩子通过亲身体验结果来学习；如果是无法体验结果的情况，则需要通过沟通帮助孩子预测结果，当然无论哪种方式操作起来都不会轻而易举。有的父母故意让孩子体验不好的结果，通过这种方式让孩子醒悟，这种父母的姿态是我不乐于看到的。"你看，你是错的吧！"父母那种获胜后傲慢的神情浮现在眼前。

父母不可能一直监视孩子，当然如果是孩子的课题，父母也没有监视的必要。如果有必要的话，可以设定成为共同的课题。但是在进展到这一步之前，可以试着让孩子凭借自己的力量尝试着去做，通过体验到结果，从中学习。实际上，我们在成为大人的过程中的所学也并非全都是父母教给我们的，我们也会在父母不知道的地方，从自己的行为甚至失败中收获颇多。

家庭中的很多问题需要事先制定出规则。在发生有争议待解决的问题时，贯彻执行此规则，问题就迎刃而解了。制定规则时需要注意下述几点。

首先，将规则用文字写出来。如果不写成文字，父母很容易在问题发生现场临时制定新的规则。新制定的规则，不能适用于规则制定前所发生的行为。

其次，如果规则不能被遵守，可能不是人的问题，而是规则本身有问题，需要被重新审视。如果规则制定得不恰当，反而容易令问题变得更加严重。一个适当的规则应该满足以下几个条件。

其一，手续的民主化。规则的制定和运用需要家庭成员全员参与。人会倾向于遵守自己参与制定的规则，不想遵守在自己不知情的情况下制定的规则。家庭内部规则，有很多时候都是家长在没有征询孩子意见的情况下制定的。

其二，规则面前人人平等。也就是没有可以不遵守规则的例外特权。如果制定了门限的规则，父母和子女必须都遵守。如果只是针对孩子设置门限，大人却没有门限，孩子自然不愿遵守。如前所见，父母和孩子并不一样，因为双方能够承担的责任大小是不同的。我们无法想象将小学生的门限设为晚上十点。但既然要设置门限，大人也好，孩子也好，必须都要设定，哪怕设定的门限时间不同。

当然话说回来，我认为并不应该将门限时间制定为规则。只有某行为的发生，会给家庭所有成员或者大多数成员带来实质性的麻烦时才需要制定规则。回家的时间其实属于其本人的课题。保证每天在相同时间回家的人少之又少，大部分时候也不会给其他成员带来麻烦。可以制定规则，规定晚餐的时间，如果有人赶不回来需要提前联络。

我认为也不应该规定孩子的就寝时间。如果孩子有自己的房间，可以规定最晚进入自己房间的时间。进入房间后几点入睡就是孩子自己的课题了，原则上大人不能干涉。如果孩子进入房间后，到了半夜还在大声地外放音乐，妨碍其他家人的睡眠，则可以要求其改善自己的行为。虽说大人可以规定孩子进入自己房间的最晚时间，这种规则说到底也是为了方便大人。大人面对孩子时，居高临下地给孩子制定规则，无异于是父母在"为所欲为"，这样的规则恐怕孩子并不会发自内心地想要遵守。父母需要和孩子推心置腹地沟通，促使孩子协助大人。

其三，内容具有合理性。对于共同体（这里指的是家庭）维持和运营的规则，如果是所有人都认可的，这样的规则就能被遵守。但是有很多规则的制定都偏离了初衷。例如关于制服裙子的长度，以及在走廊走路时距离墙壁 30 厘米，在走廊拐弯时拐直角弯，禁止嬉笑，成绩排名在前 30 名之内的学生才可以和异性交往等，我实在理解不了这些规则制定的目的。

　　曾经发生过这样一件事。儿子读小学时，每个月的零花钱都是限额的，有一次他没能遵守这个规定，超过了限额。我和妻子决定就此举办一次家庭会议。当天，包括儿子在内的三个人就此问题进行了交谈。

　　"有什么想要说的吗？"

　　被催促发言的儿子，坐直坐正，缓缓地开始了他的讲话。

　　"爸爸，谢谢您一直为了我辛苦工作。"

　　接下来他面向妈妈说：

　　"您一直给我们做可口美味的饭菜，谢谢您。"

　　其实孩子清楚地知道自己出现的问题，以及父母召开此次会议的目的。他这样说话，其实起到了先发制人的作用。此时，和儿子的态度比起来，我觉得我和妻子更有问题。我们在出现问题后召开家庭会议、要制定规则的目的是有问题的。

　　当然，家庭成员之间应该经常交谈、沟通，哪怕并不是为了解决问题也无妨。如果家人之间的交谈、沟通，只是为了解决问题，不仅仅是孩子，就连大人也会开始对此产生畏难情绪。交谈时多聊聊类似于令你这周过得很开心的事就很好。当然如果有必要，也可以就出现的问题进行交谈，但是请一定优先谈谈快乐的事。

信赖什么：怀有"好的意图"

所谓信赖，是相信对方的言行一定怀有善意，有"好的意图"。

对于对方的言行，要努力超越表象，看到其好的意图。有些孩子的行为从表面上看，像是希望吸引关注或者争夺权力，但除此之外可能另有他图。那就是希望和对方建立起良好的关系，与对方和睦相处。有时哥哥或者姐姐会给弟弟、妹妹设计一些"机关陷阱"，可能这些恶作剧让父母都感到后怕、倒吸一口凉气。

"你都做了些什么啊，居然做出这样的事……如果能拦住你就好了，你看现在弄成什么样了。"家长一般会这样跟孩子说。但是就像前文所叙述的一样，这样和孩子说，其实代表孩子完美、成功地吸引了父母的关注。

面对这样的状况，父母很难认为"啊，这个孩子这么做是想和弟弟（或者妹妹）关系变得更好"，这是非常需要气魄的。但父母一旦拥有了这样的思考方式，其实就已经掌握了处理此类问题的方法。

"你是想要和他（她）变得更亲密，对吧，但是，如果你这么做，你觉得会得到他（她）的喜欢吗？"是不是可以这样和孩子交谈呢？

有一天，儿子顺着楼梯从一楼跳到二楼，发出很大的声响。当天时间已经很晚了，而且正好我的父亲又来家里住，他已经在楼下休息了，对孩子的行为我顿时感觉很恼火。

我刚要发火，朝他喊，"你这样会把爷爷吵醒，上下楼梯小点声！"但是就在这个瞬间，儿子先发制人开了口。其实当时1岁的女儿因为找不到妈妈了正在哭闹。

"（发出声响）上台阶的话，我想妹妹会不会以为是妈妈（来了），就不哭了。"因为这件事情发生在半夜，所以这个行为本身可能并不适当，但是我理解了儿子的行为背后的意图。真庆幸自己在快要失去理智的一刹那没有爆发出来。如果我在这个时候不容分说地训斥了儿子，我和儿子之间的关系又会怎么样呢？

孩子的行为在表面上看起来是想吸引对方的关注，或者是争风吃醋，但如果能够看到其行为的更深一层的目的，即"希望和对方关系更好""希望和对方更亲密"，父母只有看透这一点，才能够给予孩子勇气和鼓励。父母应该知道，孩子的很多行为怀有善意，只是有时还不会表达。

父母应洞察到孩子好的意图，关注到孩子行为中恰当的部分。对于一种行为，关注其适当的部分，不纠结其不当的部分。此处所说的关注其适当的一面，指的是关注孩子好的意图，不管结果如何，把眼光放在孩子想要做贡献的心情上。儿子想要让妹妹停止哭泣的行为，为了达成其目的，采取了什么样的手段，这一点有待商榷。但我首先应该认可儿子的行为背后好的意图，如果有必要，在那之后可以与孩子沟通今后该怎么做。

他人言行的意图是很难琢磨透的。有时候我们接收到的语言信息很少，很难从中推敲出他人的意图。有时甚至完全联想不到善意，只能感受到满满的恶意。不管他人的话语听起来如何，还是希望大家能够尽可能探寻其好的意图。与此同时，要下定决心，努力不去说一些暧昧的、容易带来误解的话，言尽其意。

我并不赞成去解读别人的内心。因为在很多时候，这样做只会让人际关系出现隔阂。况且擅自、任意地解读别人的内心，正如偷看他人的裸体一样失礼。如果真的要解读，请尝试着解读别人言行所怀有的好的意图吧。

我认为，一直在"思考"才是重要的，到底是"谁"的思考并不重要。同理，大人说的话也好，孩子说的话也好，其内容才是重要的。"谁"说的并不重要，"说的是什么"才是重要的。

但是也请注意，要维持稳定的长期的人际关系，则不能只重视对方说了"什么"。我一直认为，假如和对方（孩子）之间没有最基本的信赖，只去关注对方都说了些什么并没有意义，只会徒增烦恼。

有时我们会因为对方说了不当的话，而感到受伤或者愤怒，但即便如此，为了将关系维系下去，也必须要信赖对方。不管对方说了什么，做了什么，我们也要下定决心不会因此而改变关于对方的看法。当然，肯定也有我说错话，伤害对方、惹怒对方的时候。如果关系并未因此而有丝毫的动摇，那是因为我们并不会只关注对方所说的内容，并且会绝对地信赖对方。人际关系中有了这份信赖，自然就不会固执己见，认为自己一定是正确的、正义的。

另外，如果你会考虑自己的言行是否会给对方造成不愉快，其实说明你并不信赖对方。我们自己不会根据对方的某种行为、某句话去评判对方，但却认为对方会这么做。也许有人会认为在亲子关系中并不存在这样的问题。我希望大人对自己的言行可能会给孩子带来的伤害，或者已经带来的伤害，变得敏感起来。父母认为无论自己对孩子说了多么过分的话，孩子都会原谅父母。但是，请大人绝不要因为孩子的原谅而放纵自己的言行。

合作

构筑良好的人际关系的条件之三为合作解决问题。

关于合作，前文在探讨信赖时提到的设立共同的课题，就是合作的一种形式。虽说自己的课题应由自己来解决，但很遗憾，我们的能力是很有限的，无法仅依靠自己的力量解决所有的问题。现实生活中，想要全凭自己的力量解决自己的课题，也许不是不可能，但正常来讲这是极其困难的。我们要放弃想单靠自己的力量来解决课题的执念。自己能解决的部分当然必须由自己来解决，但有人会逞强，认为实际做不到的事情自己也能做到，或者认为自己应该能做到。

其实，这时我们是可以接受他人的帮助的。反之亦然，如果有人需要帮助，我们也会想帮助他。共同体的全体成员，或者一部分成员，需要共同合作解决的问题，是一个接着一个、层出不穷的。

因此，在"父母的课题""孩子的课题"之外我们设定了"共同的课题"。但是正如前文所述，并非所有的课题都可以设定成共同的课题。属于个人的课题需要由本人承担起责任予以解决。设定为共同的课题，首先需要对方做出将其设为共同的课题的请求，并需要双方或者多方当事者对于设为共同的课题的认可、同意。我的课题，对方的课题，不管有没有认可、同意都可以明确区分。但如果要设为共同的课题，这样的商谈则很有必要。

课题的分离虽然并非最终目的，因为如果不知道到底是谁的课题，问题反而经常变得错综复杂起来，所以首先需要区分课题归属，进而共同合作，一起生活下去。即使孩子没有遵照父母的意愿去生活，父母也绝对不能因为共同的课题的设立，而去不当地介入和干涉孩子的人生。

有一天我遇到了从保育园时期就认识的友人。不过因为她骑着自行车，所以我们就只是打了个招呼。我能从她的表情中看出她的疑惑：为什么在这样的时间，在这里碰到呢？我们在中学毕业后就很少见面了，但是在保育园又再会了。我每天去保育园接送孩子的时候，已经成为三个孩子的妈妈的她经常和我讨论育儿的事情。那个时候我经常在保育园被妈妈们叫住，并向我咨询。

这位朋友向我咨询的是，想要送孩子去保育园时，孩子一直磨磨蹭蹭，出门特别费劲，她该怎么办。

"你和孩子就此好好谈一次怎么样呢？"

"谈一谈就可以吗?"

第二天我们见面时,我问她谈得怎么样。

"我就按照您教我的,和孩子谈了谈。'咱们早上去保育园总会迟到,我真的很困扰,怎么才能不迟到呢?'"

"'那可太简单了,只要早上早起就好了。'孩子回答道。"

"我想明明是因为他做不到我才很困扰的,就又继续尝试着问他:'那要想早上能够早起,应该怎么办呢?''前一天晚上,早睡!'的确孩子在晚上,到了八点就会睡觉了。以前都是要到晚上十点甚至是十一点才会睡。然后,今天早上孩子六点就起床了,还和我说:'妈妈,我们去保育园吧!'"

那天白天她来找我,希望我能告诉她到底发生了什么,会产生这么神奇的效果。

孩子早上磨磨蹭蹭,一直不想去保育园的原因,想必读到这里的读者应该都知道了。在此,我希望父母在因为孩子的言行而烦恼时,其实可以和孩子多沟通,好好谈一谈,请求孩子的协助。

在接受这个咨询时,我当然可以当场解释所发生的事情,并且就如何应对献言献策,但是我并没有那么做。一是因为我相信孩子会给出答案，二是和我比起来，这位母亲一定更加了解自己的孩子。

"这阵子，我家的孩子看起来很不对劲"，如果有母亲来咨询时这么说，精神科医生和心理咨询专家很难做出"并没有不对劲"的判断。毕竟精神科医生和心理咨询专家与患者每周才会面一次，只能通过父母的话语侧面了解到孩子的一些情况。在与来做咨询的家长短暂的交谈过程中，即使能够用专业的知识做出一些分析，并由此可能看到父母所看不到的一面，但是毫无疑问，父母和孩子的接触时间更长，对孩子更加了解，请各位父母在这一点上持有自信。

话虽如此，或许父母也未必就真正了解自己的孩子。有的人自信满满地宣称："作为父母，我是最了解这个孩子的人"，这种自信反而可能会让自己看不清孩子。

即便不是亲子关系，如果有人说"我是这个世界上最了解你的人"，你会做何感想呢？你的内心会想，不管是多么亲密的关系，一定不可能有人会知道我的全部。

如果父母认为"我了解这个孩子的全部"，就可能放弃想要继续了解孩子的意愿。尽管和孩子相处时，并不需要怀有我对这个孩子一无所知的心态，但也请不要盲目自信，认为自己对孩子了如指掌。而是要保持一颗好奇心，不断去了解孩子。

亲子间可以保留自己的空间，可以存在未知，也正是因为有未知，可以就此来相互询问。构筑亲子间可以就未知和不明确的问题互相询问的关系。

孩子自身如果遇到解决不了的事，也会前来寻求帮助。也就是前面提到的，尽管孩子的课题需要由孩子自己解决，但如果孩子来求助的话，父母一定要最大限度地成为孩子的助力，共同合作，一起生活下去。

目标的一致

有一天儿子说了这样的话。

"我有我的活法。'自己的活法'一定要由父母来指指点点吗？我不想自己的人生'被父母'决定，不想被乱糟糟地指点'关于活法'。"

我与你之间关系好的条件之一，在于我们目标一致。我想要做什么，然后你又想要做什么，为了实现双方的目标一致。大人的人际关系中一般都能做到另外的三点，即相互尊重、相互信赖、相互合作，但是却经常不能达成目标一致这一点。

年少相恋的恋人，在各自面临毕业、入学、就业时，每一个节点都会迫使两个人对今后的关系如何发展做出决断。和这个人在一起的人生，是否值得我放弃自己的野心；她或者他之外，是否还会有其他人能够成为我的人生伴侣……一旦开始了这样的思考，从未想过分开的两个人之间的关系，就像万里无云的天空的一隅，突然出现了一小片云朵，不知不觉中越变越大，最终覆盖了整个天空，下起了倾盆大雨。

即便不是这么大的人生决断，双方也需要就最终要实现的目标达成一致。绝不能在不了解对方的想法时贸然行动。如有必要，还需要进行相应的调整。

在亲子关系中，优先实现父母或孩子中哪一方的目标，这一点不言自明。比如孩子在中学毕业后想要就业，父母希望孩子读大学，此时很明显，双方的目标并不一致。遇到这样目标不一致的情况时应该怎么处理呢？我认为这个课题事关孩子的人生，所以一定是优先实现孩子的目标。当然父母的想法可以作为建议传达给孩子，但是如果父母擅自将自己的意志强加到孩子身上，要决定孩子的前程，这种出发点就是行不通的。如果和孩子的沟通以此为基础，沟通一定会面临决裂的惨况。

那么，目标一旦确定就要一直保持不变吗？当然不是。如果有必要，目标也是可以改变的。谁也无法在最初就洞察一切、看透一切，没有人能做到。如果发生了意料之外的事态，虽说已经确立过一次目标了，但一味地固执坚持也很可笑。在停滞不前、陷入困境时，可以进行再次决断、重新设定目标。

我经常接收到这样的咨询："孩子买的游戏软件，都没有好好使用，玩到一半就放在一边，再去买新的。"作为父母的你又是怎样做的呢？买来的书会读完吗？你开始阅读一本书，但当发现这本书对于现阶段的自己并没有意义时，合上这本书，也是需要勇气的。固执地坚持一次决定，既没有意义，有时还会带来危险。从这个角度来说，在中途放弃一个游戏软件的孩子，可以说是有决断力的孩子。

当孩子再大一些，遇到了喜欢的人，说想要和那个人在一起生活或者结婚。这时，不建议父母反对孩子的选择。原因在于，首先，要和谁结婚是孩子自己的课题，并不是父母的课题，如前文所述，因为是孩子的人生，所以要优先实现孩子的人生目标。其次，如果将来孩子知道自己的决断是错误的，此时会因为不想输给父母，硬着头皮继续错误的婚姻，这对孩子来说无疑是一种不幸。

第七章

今后的育儿——关于鼓励

鼓励，是要帮助孩子拥有自信，相信自己有能力解决自己的人生课题；是要帮助孩子可以视他人为同伴；是要帮助孩子通过自己的判断解决自己的人生课题，大人既不可越俎代庖、全权代办孩子的课题，也不能强制改变孩子的意志，给其灌输其他的目标。

本书中使用了"鼓励""获得了勇气"这样的词汇，用以说明大人对孩子的驱动绝非支配和操控，本意在于帮助孩子自立，这要求大人要具备忍耐力。在发生问题时，对孩子当头棒喝，孩子应该会停止问题行为。但是前文也有提到，这样做的副作用不容小觑。本书所提议的鼓励式育儿其实是很耗费父母精力的，但是，这可以回避由训斥或者夸奖孩子引发的问题。

我在本书中提议的育儿方法的运用确非轻而易举的。但这种育儿方法，会驱使父母不再有训斥孩子的必要，孩子也没有再做出被训斥的行为的必要。哪怕孩子做出会被训斥的问题行为，也会发现这样做已经没有意义了，是达不成目的的；此外，父母也会发现没有必要训斥孩子了。让孩子知道自己被父母守护着，这样的驱动很有必要。所谓父母对孩子的"守护"到底是什么，想必读者现在已经清楚了吧。

以前，如果从公司或者学校回家的路上突然下雨了，很多人都会去公用电话亭给家里打电话，让家人送伞或是来接自己。但我们现在很少见到这样的光景了。因为几乎所有人都开始用手机了。即使天气突变，骤然降雨，我们也没有必要在公用电话亭前排着长队等待了，只要拿出手机打个电话，说希望家人能来接我们就好了。尽管手机话费有点贵，但又不需要通话很长时间。渐渐地，人们在家里也开始使用手机了，现在家中不再安装固定电话的人也不在少数。本书中所写的内容，单看字面意思很好理解，但在实际的亲子关系中实践起来其实很困难，关于这一点各位应该会很快就能切身感受到。父母若能多关注孩子适当的言行举止，把注意力放在孩子的优点上，慢慢地会发现自己控制不住情绪训斥孩子的情况越来越少了。训斥孩子也是需要耗费精力的。父母会开始思考之前为何会每天对孩子那么唠唠叨叨，明明没有必要。这就像雨天大家已经不会再去公用电话亭打电话，而是使用手机一样自然而然。这种变化在悄无声息中刻进了亲子关系。

前文已经数次重复强调，关于育儿，父母要明白孩子具有与自己相独立的人格，很多时候并不会按照父母的意愿成长。因为孩子的阅历、经验不够，父母有必要为其提供必要的帮助。如果父母希望将孩子培养成自己想象中的理想型的孩子，则经常会事与愿违。与其说父母在管教、教育孩子，不如说是在助力孩子成长，甚至可以说父母至少请不要妨碍孩子的成长。因为即使没有父母，孩子也会成长。何止如此，我认为更正确的表述应该是即使有父母的存在孩子也会成长。是的，孩子的成长是如此的茁壮，充满活力！

前文也数次提到，孩子不可能一直和刚出生时一样被关注。如果不做些什么就可能得不到大家的关注。但一定要受到关注的想法也是有问题的。作为父母，我们要做的是关注到孩子做出的贡献。我们希望孩子不只是从他人那里索取、获得，而是能够给予别人。希望孩子能够学会这一点，这也是育儿的目标。希望为人父母者能够意识到，希望孩子按照我们自己的意志行事，是完全错误的想法。

育儿的过程中，为了避免出现父母按照自己的意志操控孩子，以培育符合大人期待的孩子为目标，大人必须要改变对于孩子的认识，以及看法。孩子虽然不同于大人，但是需要平等待之。父母有了这样的认识后，会水到渠成地掌握育儿的技巧。相反的，如果没有平等的意识，哪怕像背诵应用题的答案一样学习育儿技巧，不仅不能派上用场，有时甚至会带来反作用。如果大人认同大人与孩子之间是平等的，无论孩子是什么样子，无论孩子做什么，都能做到不忘初心，得以始终助力孩子的成长。对于孩子来说，哪怕只遇到一位"伙伴"，这个孩子的人生就会不同。如果父母能够成为孩子的这一存在，成为孩子的"伙伴"，真的是一件幸事。

父母和子女之间是平等的关系，亲子之间不论是出现了意见的相左、还是父母注意到孩子的问题行为，请不要训斥、批评、夸奖、怂恿孩子，而是多交流、多沟通。不依赖传统的育儿方法，不失去理智地与其冷静交谈，虽然这样做确实会耗费更多的时间和精力，但希望孩子能从中领悟到自己并不是要和父母的想法一决高下，而是在不断交流和沟通的过程中学会如何处理与父母的意见分歧。父母和子女之间的意见对立是时有发生的，父母的想法出错的情况也很常见，当然也有孩子出错的时候。此时并不是一方要强制接受另一方的意见。学会交流和沟通的方法，会成为改变亲子关系，乃至社会的强大力量，我始终这么认为。什么是正确的，什么是不正确的，并不一定都能够从既有的价值观中推导出来。

父母要学习、要思考如何在日常生活中鼓励孩子。以前毫无顾忌地训斥孩子或者夸奖孩子，而现在要字斟句酌地考虑这句话是否适合对孩子说，不像以前那样口无遮拦了。也许有人会认为这样太憋屈，讨厌这样。但如果大人不这么慎重，就可能会让孩子受伤、生气、气愤。父母和孩子说话时不再是口不择言，而是学会了好好说话，这就已经有了非常大的进步了。如果不确定孩子如何看待自己和孩子说的话，也可以多向孩子询问。

这样不断试错，和孩子沟通和交流，突然有一天你会发现，你实现了对于孩子的鼓励，孩子则从中获得了莫大的勇气！

后 记

那年夏天，儿子3岁，我正给他讲他是从哪里出生时，他突然一本正经地问我：

"没有我的时候，只有妈妈和你两个人，你们不寂寞吗？"

儿子没有出生前的每一天是如何度过的，我已经记不太清了。

儿子5岁时的一天，我大声和妻子争吵，儿子和我说：

"你那么生气，觉得妈妈还会继续喜欢你吗？如果不喜欢你了，你怎么办？"

毫无疑问，那场争吵被这句话画上了终止符。大人们需要读书或者听别人说才会学会的事情，孩子却在不知不觉间轻易地就学会了。

女儿几乎没有因为不想去保育园而令我为难过。第一天去保育园时坐在自行车上，她一路言笑。

女儿5岁时，有一次因为妈妈先出门了，坐在自行车上哭了一路。但是到保育园时她问我："我的眼睛，红不红？"我突然意识到不知不觉中孩子已经变成了小小少女。

我最初开始学习阿德勒心理学的契机就是育儿，所以很早以前就有了想要写一本与育儿相关的书的想法。只是因为诸多原因一直没有实现。忙忙碌碌中，日子匆匆，本书中登场的儿子和女儿也都成为大学生了。我最终得以在两个人的儿时记忆消失前写下了此书。我写下我的孩子的事情，不仅仅因为本书是一本育儿的经验分享，更是为了具体地说明阿德勒的育儿和教育的相关理论。他提出了大人与孩子应平等相待，他的理论被赞誉了整整一个世纪。爱孩子、陪伴孩子，确实是非常重要的。在和孩子生活的每一天，父母还需要知道面临具体问题时的应对方法，知道应该如何和孩子说话，知其然，并且知其所以然。很庆幸，阿德勒的思考方式是让人听后就能豁然开朗的。不过要实践起来也绝非易事。希望本书可以助力读者感受到育儿的快乐，不要过度焦虑，歇斯底里。

三年前大病了一场的我，没法再像以前一样去做演讲，或者接受心理咨询了。说是取而代之可能有点奇怪吧，我其实是怀着做育儿演讲或者讲座的本意来写这本书的。讲演之后我总会想到这个或者那个忘记讲了，本书截稿时也是同样的心态。如果有机会在哪里见面，也欢迎您随时向我问询您的疑问之处。

之后，很幸运的是，我的身体状态变好了，虽然不像病前一样，但是也可以演讲和咨询了。谨希望本书能够让读者在与孩子共同生活的每一天、每一刻，都能够感受到快乐，哪怕发挥的作用很微小。

岸见一郎

译后记

　　同这本书相遇的那天，是我的女儿正式进入幼儿园的第一天。送女儿到幼儿园，陪她吃了早饭，不安地在大厅看了会儿教室内的监控，园长看见我过来和我聊了会儿，听到她说"让我们一起相信佑佑"后，我才下定决心离开幼儿园。

　　育儿和阿德勒心理学，我之前从未将二者联系到一起。这两种看似不相干的元素，碰撞到一起，会绽放出什么样的火花呢？是否会为陷入育儿、教育的漩涡中心的父母们打开一扇天窗，得以和孩子一起看到星辰大海呢？

　　一千个人心中就有一千个哈姆雷特，试读此书后，我思考了良久。有人认为阿德勒心理学是一种冷漠的哲学。不过我从这本书中丝毫没有感受到冷漠，感受到的是平等、尊重、信赖、勇气、合作和有秩序的爱。本书中出现的案例都是这位父亲在与孩子相处中的真实经历，这位父亲的育儿经验是经过实践检验的，非常具有实用性，能给初为父母者带来一场头脑风暴，从更高的层面上指导父母的"爱"。

本书对于育儿和教育过程中所面临的诸多问题都深入浅出地提出了具体的应对方法。比如，如何面对孩子的故意挑衅？如何培养孩子的自立？孩子丢三落四，不写作业怎么办？如何理解孩子的各种各样的行为？能训斥孩子吗？能夸奖孩子吗？多个孩子的家庭如何平衡各个孩子之间的关系？如何构筑良好的亲子关系……这本书简直就是一座育儿和教育的宝库，助力你打败育儿中遇到的各种"小怪兽"。

人们对于教育的热忱，古今无异，尽管对于优秀的定义仁者见仁智者见智。作者提出的父母与子女共同成长，不要以一种居高临下的态度面对孩子这一点，我的母亲也和我分享过同样的观点。母亲常常对我说："父母之爱子，则为之计深远。"我也将此实践于育儿过程中，并始终以一种平等、尊重、信赖、合作的姿态和我的女儿相处。

在本书翻译完成时，女儿已经入园一段时间了。我发现，当时坚定地信赖我的女儿是正确的。她特别快速地适应了幼儿园的生活，入园后会落落大方地和每一位老师打招呼，自己吃饭，放学到家后会和我们聊她的开心和不开心的事。自己会准备好第二天上幼儿园的书包和衣物。每天送她到幼儿园后，她会大声地和我们说："爸爸妈妈我爱你们！"我有幸参与到一个新生命的不断成长中，如此幸福，岁月因此也无比的温柔。

就像岸见一郎所说的，"最后一天去保育园接送孩子，会突然意识到，无论今后我会活多久，可能再也不会迎来如这七年一样幸福的日子了。这七年半的生活，真好。"用肯定的眼光看待自己和孩子共同度过的每一天，下定决心，不管自己面对的孩子是什么样的，哪怕和自己理想中的孩子不一样，也要将孩子作为自己最重要的人来对待，将理想型的孩子从脑中删除，和这个独一无二的孩子融洽相处，不去和任何其他人作比较。

文中有一段话十分打动我：孩子如果知道有人坚定地爱着他（她），哪怕只有一位，孩子的人生也会完全不同。世界卫生组织发布的报告中，全球范围内有20%的儿童和青少年经历过抑郁症状，国内也趋近于这个水平了。希望通过本书提倡的鼓励式育儿方法，父母们能够学会"有秩序"地去爱孩子。个人认为这种教育方式对于减少抑郁症的发生有所帮助。岸见一郎所倡议的：在与孩子相处的过程中，以一种平等、尊重、信赖、合作的态度对待孩子，给孩子独自面对人生的勇气，和孩子朝着共同的目标一起成长。这值得每一位家长深思，在育儿的过程中，让我们每日三省吾身吧。这可能是有难度的，但无疑也是有意义的。

在翻译本书的过程中，译者尽最大努力忠实于原文，并尽可能避免专业内容的歧义。对于书中由于文化差异有可能影响读者理解的内容做出了补充说明。

衷心希望每一位和这本书相遇的有缘人，更珍视、享受和孩子在一起的每一刻。如果你能从这本书中受到些许启发，并能助力你构筑良好的亲子关系，我将不胜荣幸。

宫　静

2021 年 9 月　于北京